鄧國雄／FOX體育主播

各方面值得信賴的好球評

文誠和喇叭是深受敬重的棒球球評，文誠愛恨分明，俠義心腸，曾為MLB轉播場次要遵照合約，力爭不允許友台播同樣場次；對犯錯的球員提醒糾正；對不努力的同事指正打氣！

喇叭心懷仁慈，包容萬象，堅持棒球元素，常站在球員角度思考，亦師亦友；看到美日棒球環境，寄希望於未來中職。

兩人都全心投入棒球，播報充滿期待，從中發現新趣味，新看點；不只棒球素養優異，對電視畫面掌握精準，節奏控制良好，與主播搭配和諧順暢，是體育台資產，也是球迷之友，棒壇良將。

文誠曾因少播一場世界大賽，破了二十年全勤之功感到惋惜。

喇叭兼顧MLB、中職日夜接連趕場，經常睡在車上，休旅車是第二個家。

他們兩人的精神是我學習的榜樣，有幸與他們同事，讓人放心感恩。

祝福兩位終身棒球人！

常富寧／FOX體育主播

從曾公的字字珠璣，到喇叭的句句實言

從兩位球評的眼中看主播與球評之間的關係，就像是你在男女交往的過程中，只從女方的角度出發來看雙方相處的情況一樣……註定有一方要接受不怎麼公平的評分結果。

然而，這真的是這一本書中想要告訴你的嗎？

身為這兩位作者的親密戰友，我只希望在他們的筆下我不是個萬惡不赦、體無完膚的工作夥伴。

其他的，就請您來仔細閱讀，一一發現囉！

陳雄威／ELEVEN SPORTS 主播

我相信，一對完美的主播和球評搭檔，不只能讓球迷愛上棒球，更能進一步的理解棒球，在台灣，曾公的大名，肯定是多數棒球迷認證的唯一，而羅馬不是一天造成的，曾公能有這樣的口碑，在於他是用一生從事棒球工作所堆疊出來的成果，以古鑑今，信手拈來，看了此書，球迷必能對棒球，鍾愛更多。

張致平／福斯傳媒副總經理

聽曾公播球，有種「二十年如一日」的單純感，不譁眾取寵，不賣弄專業，只是細緻的將棒球這項藝術分享給觀眾。棒球是曾公一輩子的好朋友，看球的觀眾有曾公陪伴，一口茶，一杯酒，隨著曾公的棒球經，溫暖了自己也豐富了看球人生。

最特別的棒球書

／曾文誠

這本書的原始構想，是從另一本書開始的，和棒球無關。一本名為《觀看的歷史》的藝術史書，書中藉由藝術評論者和畫家的對談，讓大家一窺藝術的奧妙。那時我讀著這書，突然腦中一個燈光亮起，有沒有可能「棒球」也能出上一本相類似的書籍呢？那應該很有意思吧！

所以如果我是那評論家的角色，那麼誰又該是那位「畫家」呢？我第一個想到的就是潘忠韋。這幾年潘忠韋的球評功力應該無庸置疑。和多數教練、選手出身的球評不一樣的是，潘忠韋不會自滿於他從小到大所學的棒球知識，反而是不斷地努力學習，這是很令人佩服的，如果大家都跟他一樣的話，我可能早就沒有工作了。

某天利用空檔時間，我在轉播室外，跟潘忠韋提出這個出書構想時，印象中他沒有考慮太久就點頭了，答應的理由是什麼？我一直沒追問過他，但我想一直勇於嘗試新領域的他，應該是著眼又一次的挑戰自我吧！

接下來我們和出版社花了點時間，對於本書如何呈現進行幾次溝通。從原先的對談形式，轉而定案成對每項棒球議題抒發己見；還有如何成為一位成功的球評、轉好一場棒球比賽等內容，用各自的角度進行書寫。

對我而言，這寫作方向不算太難，但寫著寫著，某些時候，竟似成為我個人轉播史的回憶了。回頭看近三十年的轉播生涯，起於自己生得早、躬逢其盛，然後戰戰兢兢一路走來，看了不少比賽，在比賽中成長，能了解不同球具的製造、不同守備位置的手套使用、戰術的下達時機、如何判讀球路及配球藝術，對於一個不是棒球科班出身的人而言，需要時間的累積，那包括了自我學習、永不滿足的求知慾，還有更多好友的砥礪，這些好友有教練，選手，還有曾一起合作過的幕後工作人員，及幕前的主播們。

如果將他們一一列名，恐怕要佔去這本書一大半，我只能在書寫的過程帶上一筆，如果沒有提到的人，實在很抱歉，但對於你們給了曾文誠在轉播這一路上的提攜，想忘是不可能的。

再一次重提「回首三十年」這句話，棒球賽看不少，棒球書也出了很多，但這一本應該是最特別的，第一次和職棒選手出身的作者合著，也是台灣出版史的首例，觸及一位棒球球評，該具有的素養及做好這份工作的想法，這真的是一本很特別也很棒的書，希望你能喜歡。

謝謝！掰掰！

三十年前我打棒球，三十年後我講棒球

／潘忠韋

從來沒有想過寫書出書這件事會發生在自己身上，總覺得那是讀很多書、有很多想法的人會做的事，跟我怎麼會有關係？就在一個比平常還平常的早上，正準備轉播美國職棒，空檔時，曾公帶著日常熟悉的微笑，突然對我說：「喇叭，我們一起來寫一本有關球評的書吧！」當下除了嚇一跳之外，還覺得曾公一定是在開玩笑。之後，幾次的確認、開會，直到寫了故事寫了序，才真正有種「我真的要出書了啊」的真實感。

後來想想，這跟成為球評好像是一樣的，因為也從來不在原本的人生規劃裡。

二〇一三年的下半年，接到一通來自職棒聯盟的電話，問我能不能擔任職棒賽事的廣播球評，後來又在小玲姊（現任 ELEVEN SPORTS 臺灣分公司總經理）以及ＦＯＸ體育台主播鄧國雄的邀請下，正式開始了我的球評生涯。

很多人會認為，從球員轉任球評應該是輕而易舉，但對我來說，坐上主播台比站上打擊區還要緊張一百倍！「術業有專攻」，說的一點也沒錯，為了不讓自己說話結巴、看起來慌張，真的花了很多力氣做功課、練習把話說好，用打棒球的態度面對講棒球這件事。

我想棒球之神也是眷顧著我的，關上了球員那扇窗，卻開啟了球評這個大門，在這條路上還得到好多人的幫助。除了要謝謝幫我開門的俊池、小玲姊和鄧公，也要謝謝每位相信我可以的人，給我很多機會，能一步步從轉播中學習、成長。

早上ＭＬＢ、晚上ＣＰＢＬ，一場又一場的比賽，五年多的時間就這麼過去了，很幸運的，到目前為止搭配過的主播不只身經百戰、各有特色，重點是，他們都很願意傾囊相授，在轉播過程給予最直接的引導和協助，從他們身上，熟悉了球賽轉播的節奏，抓到開口的時機，也得到腦力激盪的成就感，我由衷感謝。

為了完成這本書，過程中很努力的回想發生在我身上的故事，突然發現，每個故事都和棒球有關，這才明白，是「棒球」讓我走上一條很不平凡的人生道路，遇見許多不平凡的人，不到最後一個出局數出現之前，你永遠不知道會發生什麼精彩。

三十年前我打棒球，三十年後我講棒球。身分不同，但一樣是在紅土草地間忙碌，一樣是在棒球這個大圈子裡，好像從沒離開，也好像離不開了。

謝謝曾公的邀請，讓我有機會分享一些心得與故事，也有機會把名字掛在暢銷作家旁，這是做夢也夢不到的境界！更希望這本書可以讓對球評這份工作有興趣的朋友，對細節、過程有更多了解與幫助。

球評的領域就和棒球一樣，學無止盡、沒有極限，希望這本書也可以幫助我永遠莫忘初衷，繼續帶著對棒球的熱情，繼續跟著球迷朋友一起經歷一場又一場精彩的比賽，也繼續累積更多故事，下次有機會再說給你們聽。

目錄

Table of Contents

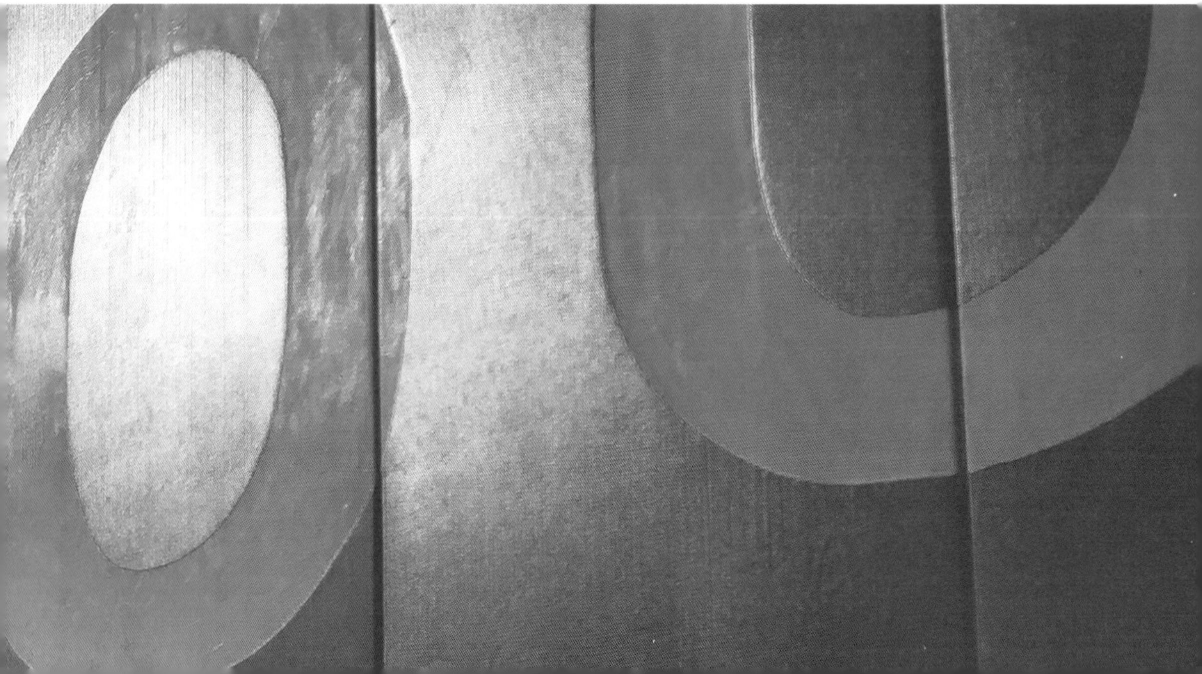

第一章 CHAPTER 1
談談球具

手套差在哪？

曾文誠

第一次有人跟我提關於手套差異的是統一獅投手杜福明，他說習慣拿稍重的手套，有利於他左手前伸的平衡感，投手畢竟沒有野手那麼多防守機會，所以重一點無所謂。

這是我第一次聽到關於手套對於守備位置的影響，雖然已經是二十幾年前的事了，但記憶猶新，後來有機會看王建民、陳偉殷等大聯盟級投手也是如此，都拿較厚重的手套。

那麼其他位置呢？以前以防守見長的味全龍隊郭建霖，他的守備位置是三壘，相較於二游，他的手套就比較長，尤其接球的虎口位置更明顯，對於轉播人員來說，這也是在播球過程中可以說明的一個重點。

畢竟每個防守位置任務不同，所需的手套差距也大，這些差距可能就是能不能接到、能不能接好的關鍵。

至於比賽進行中，要在什麼時機點去提手套的差異呢？

最適當的時刻就是像工具人如余德龍上場時，在換守備位置就能提他們也同時換手套，因為不同位置手套差異很大。當然，也有那種不換的鐵齒，例如外野

手移防到內野，還是習慣用原來那個，萬一他失誤，也能說「用錯工具做不好事」，馬後砲一下。

此外，手套的價值還有可提的，如外野手美技接殺，就能說因為外野手套最長，才能在最後一刻接到球，又或者是雙殺守備時，二壘手能做好轉傳，把球又快又準送向一壘，就因為他用的手套是內野手中最小的，因此才能在最短時間內做好這些動作。

游擊手手套則介於二壘、三壘手之間，一壘手用的尺寸比較大，捕手又大又厚，這些差距都必須了解。

另外美職比賽常有蝴蝶球投手，這些投手上場時，蹲捕的捕手就會換上更大尺寸，但厚度接近一壘手的專用手套，好方便他接捕球速不快、卻飄忽不定的蝴蝶球。

還有一種也會在轉播當中提的是，選手在不同時間，會使用不同手套，例如賽前練習會把新的手套拿來接捕，儘可能讓手套皮質能藉由球不斷地接入手套中的衝擊，讓皮質更鬆軟好上手，陳偉殷也曾這麼說過：「每年拿到新的訂製手套，我總迫不及待幫它塑型、上油，然後帶它去傳接球。因為，站在投手丘只有手套，能夠聽見我的心跳聲。」這應該是比賽前練習的「摸蛤兼洗褲」的另一好處。

至於要如何保養手套？則因每個人情況有所不同，有賴轉播人員平時多問多了解，以增加比賽時播球的素材。像早年黃忠義說他的手套不喜歡別人動，甚至家人也在禁止之列，還有他比賽防守空檔會用嘴把手套皮線咬緊，以免它鬆脫接不好球。

還聽過有人把手套泡水的，把手套放顆球再用繩索將手套綁牢以定型。名人堂球星小瑞普肯（Cal Ripken, Jr.）在接受訪問時提到他們拿到新手套會擦點凡士林，然後用布在接球的虎口處來回擦拭，讓手套成型。這些小地方都有賴你平日多觀察了解，才能針對此點發表意見。

手套屬於個人自費的裝備，需自費購置，但據了解，中職目前大概八成以上的選手，都有人脈或經紀公司找到品牌願意免費贊助，很少有選手真的需要自費買手套，通常會自費的都是想要找更進階、品質更好的手套。

我的第一副手套

潘忠韋

十歲進到球隊，那時候的基層棒球缺人缺經費缺球具，什麼都缺，我的第一副手套，跟一般運動用品店看到最便宜的那種土黃色手套沒有差別，除了套緣中

間，也就是虎口正上方，破了一個大洞。

你可能會納悶「這要怎麼接球？」小小的手，大大的手套，加上一個洞，球來了還是要接啊！因為破在套緣中間，迫使我在接球的時候，只能接準、只能接在手套正中心，不然一不小心球就會從洞裡漏出來。就這麼接著接著，接到虎口都有痛的感覺，久而久之，沒想到手套上的大洞成了最好的訓練，不只接得準，還接得特別響亮，接到投手都喜歡我接球的聲音，這也是後來變成捕手的原因之一。

到了成棒之後，陪伴我最多的就是一壘手手套。和一般手套不同，一壘手手套特別深，從外觀就很容易分辨，拿的時候有個訣竅，就是讓大姆指和小姆指盡量靠近，有點像玩布袋戲或是布偶一樣。對我來說，一壘手手套不只特別，還特別難養，它很容易變形，不小心壓到，太過潮溼，或是太久沒使用，形狀馬上就跑掉，但若手套養得好，一壘手手套是可以陪伴你好多個春夏秋冬的！

至於捕手手套，以前大多是日本製，質地非常硬，要接很久才會軟，不過有一個讓手套快速軟化的小秘訣，就是多接機器投出來的球，因為機器投出來的力量比較大也比較平均，可以讓捕手手套比較快變軟、變得比較好使用。

手套對球員來說，不只是工具之一，上了球場就是身體的一部份。以前我的置物櫃裡最大的空間都留給手套，還要時常保養上油。在我球員生涯見過最照顧球具的球員，要屬捕手陳峰民，從成棒在中華隊時期，常看到他一有時間就把所有球具拿出來一一擦拭保養，大家都知道捕手的器具最多，但他一點都不馬虎，對待球具就像對孩子一般小心、仔細。

要小心仔細的不只是保養，還有一些不成文的禁忌，像是從小進球隊就有學長耳提面命：「絕對不可以從手套上面跨過去！」這件事我一直放在心裡，雖然我本身沒有這個禁忌，但即便是現在，還是會一直提醒自己，要小心、不要越過別人的手套！

球棒怎麼看

曾文誠

手套是拿來接球的，但要擊中球就得靠球棒。

球棒消耗程度比起手套太快，價格也太高，因此很少有品牌免費贊助，所以木棒的狀況比較特別。以中職某球團為例，球團會在每年開季之初撥兩萬元經費給選手，若選手在一軍出賽，每一打席會增加一百六十元提供給球員買球棒的費用。

但木棒特別之處是它必須先取得聯盟認證，然後繳交認證費用。認證的方式為：若是國際棒總認可的廠商，可自行送棒至台北大學專責機構備查。而其他木棒公司則送至聯盟，由聯盟交上述單位抽查。

球棒的選擇原則最重要是個人的揮擊手感，統一獅的鄧志偉說得很好：「選棒子就像選房子一樣，任何一個點不對都不行，因為那是我的武器。」因此以鄧志偉為例，身材高大的他選擇的是美製九百公克的木棒，但在夏天或狀況不好時，為了要增加揮擊速度，會用重量較輕的八百八十公克球棒。這些都是視自己條件及揮擊的型態，如安打型、長打型或特殊情況而定。

像韓職李大浩連九場全壘打，狀況極佳時使用九百三十到九百五十公克球棒，可是在他體力下滑時，球棒重量就減到八百九十到九百公克之間。

讀賣巨人前洋將 Alexander Ramirez 對自己的武器有更多講究：他用九百十二公克木棒對付左投，九百一十公克木棒對付右投，握柄粗的木棒對付變化球型投手，握柄細的對付速球型投手。

必須注意的是，有些選手在木棒的選用上和他人有些許不同，例如鄧志偉隊友郭阜林，他用的是較新穎的「戰斧球棒」，其最大特點是球棒握手端做成像斧頭的握把，讓他在揮擊時能手掌緊貼住球棒，增加揮棒速度，並能大幅降低手掌

CPBL
MARINES

承受的壓力。

這些可供在比賽轉播過程和觀眾分享的資訊，就真的得靠轉播人員平日多做功課，多收集了。

閃亮亮的球棒

潘忠韋

對一個剛進球隊，對棒球還似懂非懂的小男生來說，能夠拿著球棒揮來揮去，就夠帥氣的了。

交到我手上的，是一支亮黃色的鋁製球棒，不確定是屏東的太陽讓它亮得刺眼，還是得到人生第一支球棒的興奮一直亮晃晃的擺在回憶裡，三十幾年過去，還是會想起它，還有它帶給我的一連串挑戰。

要掌握鋁棒，第一步必須把棒子握好，聽起來似乎很簡單。以前沒有多餘經費買握把布，更別說打擊手套這種夢幻逸品，少了這兩種重要的輔助裝備，每揮棒一次，就要擦乾因為流汗而溼透的雙手，鋁棒變得像泥鰍一樣「咕溜」，很傷腦筋。

所以一開始真的花了非常多時間，想辦法在光滑的鋁棒與不斷冒汗的手掌心

中，找到擊中球的出路。但是另一個問題又來了，用鋁棒打到球不難，但是沒有打在對的地方，雙手會因為球棒的反震，有好一陣子麻到沒有知覺，怎麼甩都甩不掉的討厭，直到現在都還清楚記得當下的恐懼和挫敗，而且常常因為這樣不敢出棒，每每都要在球數落後的窘境下，才一股作氣豁出去「力挽狂瀾」。

就這樣一路手滑手麻、又怕又衝，似乎也逐漸找到控制鋁棒的方法，簡單來說，因為鋁棒的重量輕，揮鋁棒就像甩鞭子一樣，只要你夠有力，打到球幾乎都可以飛很遠。所以，不管三七二十一，全力揮擊就對了！

一直到進入成棒，才真正對鋁棒得心應手，還能在一九九八年曼谷亞運從金炳賢手中打出全壘打！那清脆的擊球聲，是棒球場上最熱血的應援曲。

不過，我跟鋁棒的蜜月期沒有持續太久，因為接下來進入職棒，手中鋁棒換成了木棒，一切都要重新再來。

單單只是全力揮擊這招，完全行不通。木棒的打擊比起鋁棒要困難許多，因為材質、重量的關係，光是打到球就得花一番功夫，就算打到球，但沒有打在甜蜜點、沒有準確擊中球心，結果不是軟弱的滾地，就是沒有建設性的飛球。另外，要是投手球速快一點，斷棒滿天飛的情況也很常見，那時候幾乎每天都要撿斷在地上的半截球棒，還有一地的沮喪，挫折感還真大。

身為職棒球員尤其是打者，天天都要與失敗為伍，打不好再來，棒子斷了就再來一支。漸漸從對木棒的生疏，抓到使用的訣竅。從擊球動作就開始講究，必須運用到全身的力量，由下而上，才能讓手中的球棒成為手的延伸，產生最大的破壞力。就這樣一直打到職棒生涯第三年，才真正比較有信心拎著木棒站上打擊區。

如果你問我，喜歡鋁棒還是木棒多一點，我還是會選擇木棒。就是因為木棒很難，所以只要拿起球棒，就會忍不住想揮個兩下，試著從中得到一點擊球的成就感，試著用木棒把球帶得更深更遠，帶出天空中一條完美的拋物線！

關於「那顆球」的論戰

曾文誠　中華職棒目前的使用球，來自於符合棒球規則製造之廠商，當完成招標作業，即取得中華職棒比賽使用球之認證。

目前中華職棒每一場比賽，一軍的賽事會準備十打預備球，也就是一百二十顆。

做為中職一軍的比賽球，在使用上是比較嚴謹的，只要是擊球或落地而造成表皮破壞，都會交給主審再回收給工作人員，這些球就不會於比賽中再使用了，而這些被退回的球，將交由各球團做為練習之用。

至於二軍比賽則是在每場預備三打，也就是三十六顆比賽球，除非像下雨後球已不堪用，否則二軍的用球不像一軍那樣嚴格，稍微磨損還是會持續讓它服役，最後真不能再用了，就統一回收給聯盟再轉交給基層球隊，以發揮它最大效益。

我曾在二〇〇一年世界盃一場轉播中請導播在賽前幫我攝製一段影片，上面擺兩顆看起來差不多的比賽使用球，在鏡頭拉近下，可看出左邊中華職棒使用球及美國大聯盟比賽球，不論在縫線的高度及間隙都略有差異，這是運用鏡頭帶給觀眾最直接的印象，好過生硬地唸數字，或模糊地說兩者不同之處來得好。另外，在美國大聯盟登陸澳洲打開幕戰那年，在轉播時為了突顯澳洲最流行的板球和棒球差別，我還把紅色的板球擺上轉播席，也是藉由畫面大大地增加了轉播效果。

不過在播球的過程中會談到使用的球，多數在於話題性而不是場上狀況，最常見的就是球的彈性，像二〇一七年中職打者大爆發，同年美職也是同樣的話題不斷，賽揚獎投手韋蘭德（Justin Verlander）就曾不客氣的在世界大賽期間質疑球的縫線，造成他的滑球威力降低、儘管他在那年季後賽投得很棒。

更早的例子還有二〇〇五年日本職棒採用低彈跳球，讀賣巨人隊全隊全壘打總數從原本的兩百五十九支降成一百八十六支，橫濱海灣之星隊則從一百九十四支減少為一百四十三支。

遇到這種情況，輿論、專家當然不會缺席，一定會加入這種論戰。當大聯盟使用球被質疑時，有位棒球作家 Ben Lindbergh 就跳出來說，他發現這段時間在小聯盟並沒有出現全壘打暴增現象，為什麼到了大聯盟層級反而出現更多長打的趨勢呢？結果問題可能就出在兩者製造的廠商不同所致。

像碰到這種因使用球而讓比賽型態改變時，播報人員又該站在什麼立場？

以過往經驗，在這種情形下，不論哪個聯盟都不會承認球有問題，甚至會引許多測試數字來佐證球是ＯＫ的。

我覺得這時播報比賽人員可以用自己的角度看這件事，什麼叫用自己的角度？就是主播引比賽實際產生的數字，例如與過去同時期全壘打數相比較，讓數字去說話。

而球評則可以在看到打者某些揮棒姿勢並不完整，卻可以把球送得老遠來說明球的確怪怪的，「這個動作都能打這麼遠，很難相信球沒有問題。」在播報室的我，有時會加上這句。

還有別忘了，在有機會時多問問投手和打者的意見，雖然被打很慘的投手肯定說球很有問題，把球轟得滿天飛的打者會說還好，但多問多了解還是對轉播有幫助。

但不論是手套、木棒或是球，如果有機會親自去製造工廠參觀是再好不過，我曾去過中國東莞全球最大的棒球工廠，還有台中木棒商及日本手套工廠，能看到他們生產過程，對爾後自己的工作是相當有助益的。

球衣與護具的規定

曾文誠

先說穿在身上的球服，以中職球團為例，球團會和特定的廠商（贊助商）簽約，那麼選手在比賽時所使用的包括球衣球褲、緊身衣、跑鞋釘鞋、打擊手套，外套、風衣，全都是由贊助商提供，球團省了一筆大錢，贊助商則是賺到品牌的廣告露出效果。

因為是屬於球團和廠商正式簽約行為，雖然有些選手會和其他品牌合作，如高國輝的A牌、蔣智賢的N牌，但是球隊已和特定廠簽約，所以只能依球團規定。

最後是護具、護肘等其他裝備：這些都屬於非球服類，所以選手可以自由選擇品牌或接受贊助，但要注意的是捕手護具，這個雖不在受限範圍內，可以用其他品牌，像林琨笙用日本牌子，方克偉用美國貨，但無論用哪一個品牌，捕手護具上都會把其他品牌 Logo 用廣告貼布或者球隊 Logo 遮住。

那些令人記憶深刻的球場

曾文誠

台灣沒有巨蛋球場，對舉辦球賽而言有好有壞，先說大家都清楚的壞處，一碰到停不下來的雨勢，排定好的賽程就泡湯，如果早早就宣布停賽也還好，怕的是遲遲不宣布，或打打停停的狀況。

講起這樣的經驗，最難忘的是一場俊國對兄弟的比賽，那是在高雄立德棒球場，認真講那幾年象迷因人數眾多，好像碰到兄弟的比賽，比賽要打或不打，聯盟總是舉棋不定，以當天雨勢情況而言，早該宣布停賽了，但就是沒有，比賽打了又停，停了又打，搞得在貴賓室的俊國熊老闆陳一平破口大罵，最後捕手白昆弘還來個無言抗議，球不直接回傳給投手，而是直接走回投手丘，因為怕回傳球被雨淋濕，那場到現在還讓我難忘的比賽，就從下午六點半打到凌晨才結束。

還有一次我去新竹轉播，當天台北一早就飄著小雨絲，天氣非常不妙，遠在數十公里外的風城應該也差不多，但聯盟就是遲遲不宣布比賽是否如期舉行，我一直掙扎著要不要上路，開一小時多的車趕去現場。

最後「判決」一直沒下來，只好動身上路，一路開到新竹交流道，其間還塞了一小段，好不容易滑出交流道，就在此時電話來了，接到通知說比賽不打了，

改到何時聽不清楚也不太想聽了，總之心裡只有一個「X」字，車就直接迴轉朝台北而回。

但有時新竹球場不打，對我個人來說也並非壞事。因為台灣各場地中，如果要排最不想去的，新竹棒球場應該排第一，事實上選手好像也沒有幾個人喜歡那裡，儘管當地球迷非常熱情，但比賽場地實在不甚理想，當年 David Price 和美國大學隊來台，看到新竹球場的投手丘竟拒絕上場，可見場地狀況之嚇人。

以前新竹球場轉播位置在本壘正後方，貴賓室的位置，聽到貴賓室好像很厲害的樣子，事實上一點也不，首先那裡常有不知哪來的「貴賓」，他們可能一輩子就看那一場球，所以什麼球打出去都大呼小叫，根本完全蓋住我們播出的聲音。

另外雖是本壘正後方，但視線會被前面的

鐵窗遮蔽，球擊出那一瞬間有時根本看不到，只能依賴電視畫面。轉播室裡也沒有廁所，所以要「方便」時實在很不方便，只有兩個方法，其一是衝到大門入口兩側和球迷一起擠，但不論是上半局或下半局空檔，那裡總是人山人海，等排到時大概兩出局後了，所以另一個辦法是跑到球員休息室，那裡人少一點，但要有忍受球員消遣的本領，因為你一邊上可能一邊會聽到「尿很多喔」、「快來不及了喔」，會說這些話而且是箇中能手的，其中有一個叫王光輝。

但偏偏坐那裡轉播沒有廁

所，卻無時無刻會聞到尿騷味，可能是前方水溝傳進來的，對嗅覺太敏銳的人實在很不妙。總之，新竹球場對我而言，不打也不是壞事。

據說新竹球場要改建了，希望未來的新竹球場能有個嶄新的面貌，這應該是選手、球迷，也是工作人員之福。

球場是我家

潘忠韋

打球那幾年，待在球場的日子比在家的時間還多很多，以前還是球員的時候，球場就是戰場，也是生活以及討生活的地方，從這個球場移動到另一個球場，是生活的日常。從南到北，都有我與棒球的足跡與回憶。

屏東棒球場是我感情最深的球場。

從我十歲加入球隊，接下來的十年都住在那裡，簡單地說，就是在屏東棒球場長大的，不要說一花一草都熟悉，閉著眼睛都可以順利繞行球場一圈，還有把握不會跌倒！

小時候只要屏東棒球場有比賽，我們就是滿場跑：賽前整理場地、在場外收停車費、比賽結束之後負責清潔打掃，那時候一點也不覺得辛苦，反而好希望天天都有職棒比賽，可以看免費的球賽、可以近距離看到球員，還有感受沸騰的加油聲，這些喧譁熱鬧，讓簡單樸實的屏東棒球場，也多了另一種精彩。

球場裡的重量訓練室並不大，就像一間教室的大小，器材也很一般，但很有意義。因為我認識的第一個洋將是黑將軍「史東」，對他的印象除了很黑之外，他做重訓的畫面直到現在我還記得，而且身材就如同他的姓氏一樣 Strong！當時對重訓沒有概念，也不覺得有多重要，看到職棒球員都很厲害，應該只是練球練很多，完全沒想到除了練球之外，就連洋將也花很多時間在重量訓練上，從那時候對重訓就多了一個認知：要讓肌肉也充滿力量。

另外，對黃煚隆教練也印象深刻，我國中就在球場整理場地、幫味全龍的球員餵球，結束之後他稱讚我餵得不錯，還把打擊手套送給我，對一個十多歲的國中生來說，就像是打了一劑「勇往直前針」，給了我往中職前進的夢想，也給了我一個錯覺：以後好像可以當投手！當然，錯覺就是不會成真的。

之後屏東球場幾次重建，我都在。牆面上的油漆、廁所裡發亮的磁磚，都有我們揮汗如雨的貢獻。它絕對不是最豪華、設備最齊全的球場，但那裡是我和棒球初見面的地方，集結了太多美好與不美好的回憶，不管任何時候踏進去，都有最熟悉的家的味道。

已經成為過去式的台北市立棒球場，則是我記憶中最熱鬧的球場。

對很多老球迷來說，台北市立棒球場是心中永遠無可取代的棒球場，因為職棒元年就是在那裡開打，有許多激情、感動也都留在記憶中的老台北棒球場。

我讀北體的時候，宿舍就在台北棒球場的二樓，每次只要有職棒比賽，開打前五、六個小時就有人潮、攤販聚集，賣烤香腸熱狗的、賣叭噗豆花的、當然也有吃了不會揮棒落空的各式便當。

那時候還有免費的外野學生票，所以下午就可以看到一群穿制服揹書包的高中生，還有拿著加油棒、汽笛的大學生在球場外大排長龍，走經他們身邊，都可以感染到興奮的情緒，每每回想起，都有年輕二十歲的感覺！

而花蓮棒球場是我記憶中風景最美的球場。

花蓮有得天獨厚的地理環境、天然美景，從打擊區往外野看去，草皮、遠山、白雲，美到不真實的畫面，讓人巴不得身上穿的不是球衣，是短褲T恤，手上拎著的不是球棒而是行李箱，四周都是渡假的氛圍。建議

大家有機會一定要去花蓮球場看看，就會明白那悠閒的感覺從何而來。

不過，我最喜歡的球場還是天母棒球場。

天母棒球場就在百貨公司旁邊，交通便利，還看得到陽明山，但這些都不是我喜歡它的主因，天母棒球場讓我感覺良好的原因很簡單，就是我在那裡都打得格外順手！

因雨停賽時的球評？

曾文誠　比賽宣佈不打，對工作人員來說，是比打打停停來得好多了，那麼可能有人會好奇，比賽暫停時我們都在做什麼？

如今有網路有社群媒體，是很好打發時間的，但過往年代什麼都沒有，一碰到可能因雨（還碰過因霧、因燈光的）可能停至少半小時以上，就得想辦法打發時間，最多的時候是跟主播閒聊，而不同的主播都有各自不同的興趣喜好，有時就會和他們聊聊這些事情，所以也不一定是和棒球有關。

有時我也會到媒體室找記者，這時就有機會和記者談談最近的棒球人事物話

題，彼此交換意見或情報。

有時會跑到球員休息室，那時沒有像現在嚴格管制，所以進出比較方便，但就跟主播一樣，好不容易有個休息空檔，大家也都不太想提什麼和「工作」有關的事，反正瞎扯一堆就是了，這時圍坐一起或排排坐的球員，一定會有一兩位較活潑的在那裡講個不停炒熱氣氛，晚會主持人差不多就是那個樣子。

如果轉播美職情況就不太一樣，因為幾乎都是接收國外畫面，所以都在錄音室或攝影棚，碰到大雨比賽暫停，百分之八十以上我會選擇休息，講白一點就是能睡就睡，因為轉美職不是一大早，就是大半夜，猶記得過去王建民時代，他紅他所屬的洋基隊也紅，球賽時程常繞著洋基轉，他們白天我們凌晨的時間就在所難免，我又是個極重睡眠的人，那種痛苦現在回想起來還是抖得很，所以半夜或一大早，很不願意遇到比賽中止，但真碰到也沒辦法，能睡就睡吧，幸好我的合作夥伴，那些主播們的精神體力都一等一，總是負責當我的鬧鐘，只要球場遮雨棚拉開，代表準備重新play ball，就把我叫醒。

回到球場話題，當雨停「輕鬆」過後好不容易重新開打，卻是選手們的挑戰開始。我們很清楚的一件事是，在晴空下走路，跟雨中有很大差距，比賽也是如此，首先會受到影響的就是視線，所以轉播人員必須告知球迷，在這種天候下，為什麼會影響接球，那是視線不良所造成的，尤其外野手在接飛球時，飄下的雨絲，加上燈光照射，必然會直接考驗野手接球的判斷，這個時候有經驗的導播會要求攝影同仁拍高角度的畫面，觀眾就能一目瞭然。

過去中華職棒除非補賽，否則極少有日間球賽，萬一碰到在豔陽高照下的賽事，有時接飛球不比在雨中輕鬆，如何接，該如何避開失誤，都是可以在轉播中說明的；我個人認為，轉播工作，與其事後解釋，倒不如在狀況發生前先提，像我們說的天候情況，就可以在比賽之初，先說明今天因為天候可能會左右選手發揮，進而成為勝負關鍵，甚至如果能在開賽前錄製一段陽光下接飛球的守備方式，那就再好不過了。

觀察球場

曾文誠

台灣因為都是戶外球場，所以風向、溫度、場地狀況都對比賽有一定的影響。

我的習慣是踏進球場後會先看旗子吹的風向，由內野往外野或相反，或是左外野往右外野。這前後左右的風勢，可能就是全壘打球和牆前接殺的差距，不過有些球場，像富邦所在的新莊主場，有時整晚的風勢都不太固定，相當需要在比賽過程中隨時觀察，我個人比較糗的經驗是，有次球打出去在全壘打牆前被沒收，我想都不想就以賽前看的印象說「今天逆風」，結果下一秒導播給的畫面卻是從本壘往外野吹、旗子飛揚的大順風，停了一秒，趕緊硬轉了一句：「今天風勢真亂。」

但再怎麼糗，也沒有一九九七年第八屆ＩＢＡ世界青少棒賽來得嚇人。

事情是這樣的，那屆的青少棒賽在台北大轟動，尤其當年最紅的投手鄭嘉明，大家應該記憶猶新，話說一場中華隊的比賽，播著播著我注意到台北市立棒球場計分板上的旗子，是由內野往外野飛，重點是旗杆上的國旗經年累月風吹日曬已然褪色，不再那麼地「青天白日滿地紅」，此時我看著看著就脫口而出「我們是不是該換面國旗了？」你們知道的，我只是想說換面新的，但這句說不清楚的話，卻嚇壞了主播及導播，記得當時他從耳機中傳來的大叫聲：「你、你在說什麼！」呵，這句乍聽起來別有企圖的話，即便是放在今日也挺嚇人的，不是嗎？

燈光則是另一要格外提到的轉播點，現已不再使用的台體大棒球場，三壘手接內野飛球時，球只要飛到某個高度，就會像掉進神秘的百慕達三角洲一般消失不見，這對防守的人而言相當困擾，即使過往以守備見長的味全龍隊郭建霖也不例外，而台南球場則因航道關係，以致燈架無法架高，有些照明小死角，在在考驗防守時的瞬間應變。

像這種情況下很明顯和守備能力無關，所以評述時得強調這一點，「球被燈光吞沒了」、「這是一支幸運的安打」，通常我會這麼說。

當然，如果在這麼不利的環境下，選手還有美技演出，也別忘了稱讚一聲。

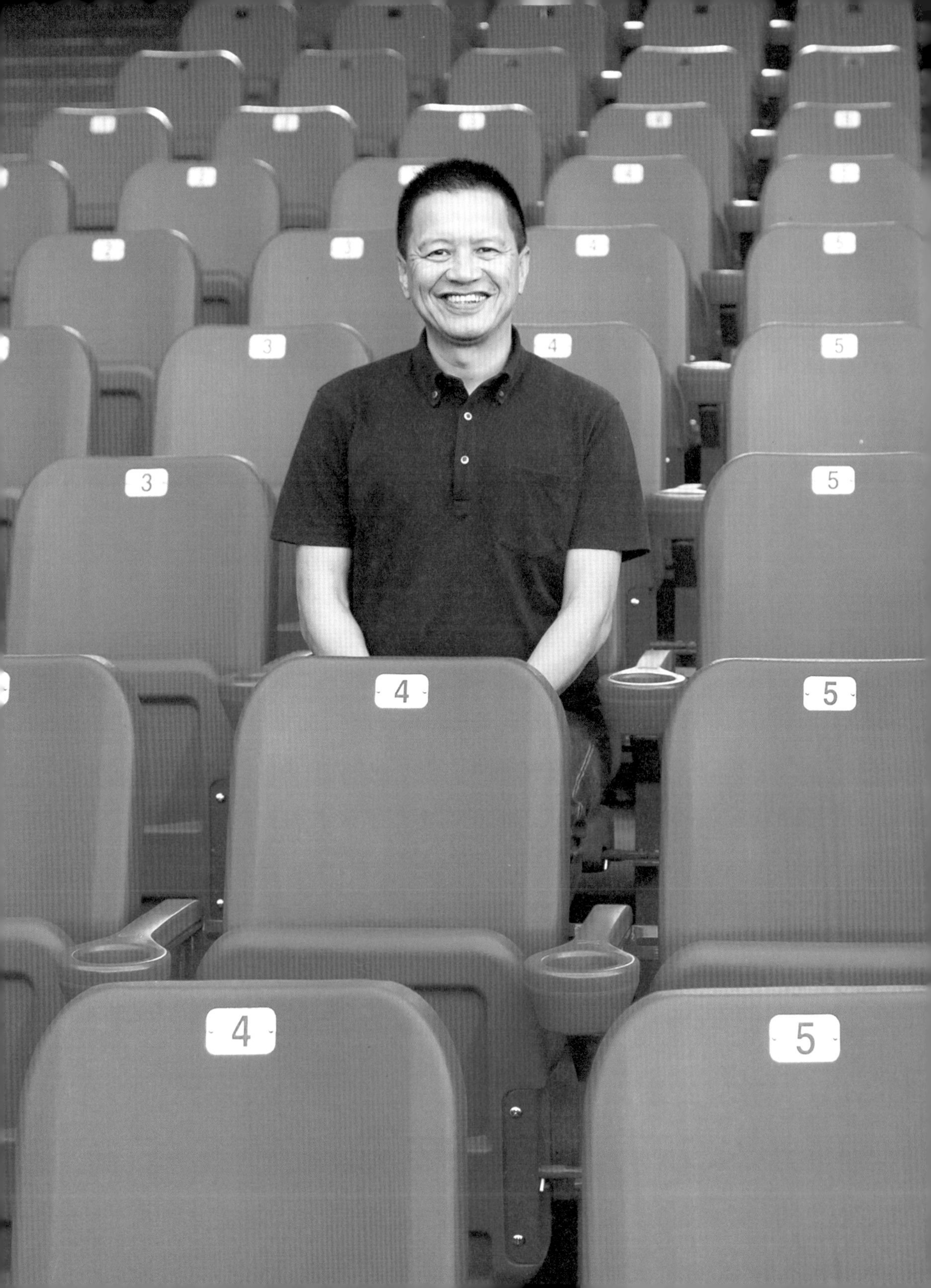

第二章
CHAPTER 2

球員要準備什麼？【國內篇】

球評需要多早到？

曾文誠　球評這個工作有收入，而且不是上班族，不用打卡，不用簽到，只要比賽前進轉播室就沒有人會管你幾點到，但若你真是賽前才匆匆趕到，就我個人來看，實在不是很敬業。

轉播中華職棒雖然隊數不多，球員教練也都熟，但還是得早一點到比賽場地，把握難得的黃金觀察時間。

先說中職規定的球隊練習時間，如果是下午六點半的比賽，那麼主場球隊是在四點先進行打擊練習，不過現在各球隊都有自己的認養主場地，所以事實上有很多選手早在四點前就會出現在球場了，主隊從下午四點練打到五點再由客隊接手，同樣客隊的打擊訓練時間也是一小時，之後主客隊各守備演練十分鐘，然後就等六點三十分的比賽正式開始。

比賽六點半開打，通常我會四點半到球場，差不多就是主隊打擊練到一半的時候，四點半到，如果加上交通時間，等於差不多三點半就要出門了，如果白天有正職工作，要兼差當球評，除非排休，否則時間安排是很有挑戰性的。

潘忠韋　理解場上狀況對我來說比較簡單，因為曾經是球員，可以幫助我很快的知道場上發生的事情，有時候看到不應該出現的失誤不見得就是守備能力不足，失投球也不見得就是投手控球很糟糕，因為曾經是球員，可以站在球員的角度提供給球迷不一樣的思維。

事前的功課真的很重要！

除了事先在家裡可以準備的書面資料，到球場後，要忙的事又更多了。我會盡可能在比賽開始前大約三小時到球場，這時候主場球隊大概也到了，如果時間充足，我也會拎起手

套，跟著他們一起練習，因為透過賽前的守備練習、傳接球練習、打擊練習，可以更清楚球員的狀況，在過程中，也可以自然而然的聊到他們對自己還有對比賽做了哪些準備，一般來說，賽前的狀況跟比賽中不會差太多，但若賽前狀況好，比賽卻打得亂七八糟，那我心裡也會有個底，不會主觀歸因這位選手近況很差，或是因為受傷才表現不佳，可以補充那些比賽畫面看不到的實際情形提供給觀眾，而這樣的落差也能成為一個值得討論的焦點。

觀看賽前練習的要訣

曾文誠 到了球場後，不管是哪一個球場，我總是習慣朝著中外野計分板看，倒不是看今天的攻守名單，而是看今天的風向，從計分板上旗子的吹動方向去觀察是順風或逆風，這會是接下來轉播中的重點。

確定風向再往前去看打擊練習，首先練打的這一組人，應該就是當天的先發選手，因為照球隊的慣例，先發球員會排在第一組練習，所以看他們的賽前狀況就很重要。

其實看打擊也只是習慣性觀察，餵球投手都會儘量將球投至適合揮擊的位置，讓大家在賽前保持好的擊球手感，所以球員的打擊狀況通常不會太差，不過也會跟打擊教練聊一下大家的狀況，或者有沒有在做什麼調整。

如果真有特別好的狀況，那時就可以在心裡留個印象，誰在今天賽前打擊感覺很不一樣。但賽前處於絕好調的人，並不代表當天比賽結果就是好的，有可能賽前好得很，但就因為手感好，造成比賽時很想「拉大支」，反倒讓打擊動作整個跑掉也說不定，就像有投手比賽前練投很棒，比賽開始就一直想把球速催出來，反而控球大走鐘，所以看到比賽前把球打得老遠的人，也不用在轉播時就急著說他的手感，因為他很可能接下來會吞三振，反而是要有點馬後砲，在他有好表現時才補上一句「今天賽前看他打擊練習狀況很好」或是「今天他擊球時，打擊教練在一旁頻頻點頭」。反之，若比賽和練習狀況相反，也能跟觀眾說「其實他賽前練打非常好，棒球果然不簡單」等。

提到賽前的擊球，有種打者是那種不管狀況如何都能把球轟得老遠的人，像陳大順還有後來的陳金鋒，前者根本是「台灣版的 Aaron Judge」，每次打擊好像都跟球有仇，把球揮得又高又遠，連老外都嘖嘖稱奇，陳大順能把球揮得遠是因為他那超級壯碩的身材，有次他被觸身球打到上一壘，防護員趕緊上去問他「你

有沒有怎麼樣？」他竟回說「你去看那顆球有沒有怎麼樣？」。有天我在永和福和橋上看到這麼大隻的陳大順騎一台九十CC的機車，那個畫面映入眼前，我不禁對那台機車未來的命運憂心不已。

上面說過，打擊練習時，必須要讓選手維持好的揮擊手感，所以餵球投手的第一要件自然是控球要好，要投到打者能擊出好球的位置，免得適得其反，餵球投手有時是教練自己上場，也有像呂文生、吳復連，還有以前費城人隊老教頭Charlie Manuel這種總教練級的都會「御駕親征」。

還有是針對當天對手先發投手的投球型態先行模擬的，像左投、側投等，就叫隊中類似的投手權充一下，以前味全龍老是打不好象隊陳憲章的球，所以賽前一定讓陽介仁、林琨瑋這些低肩

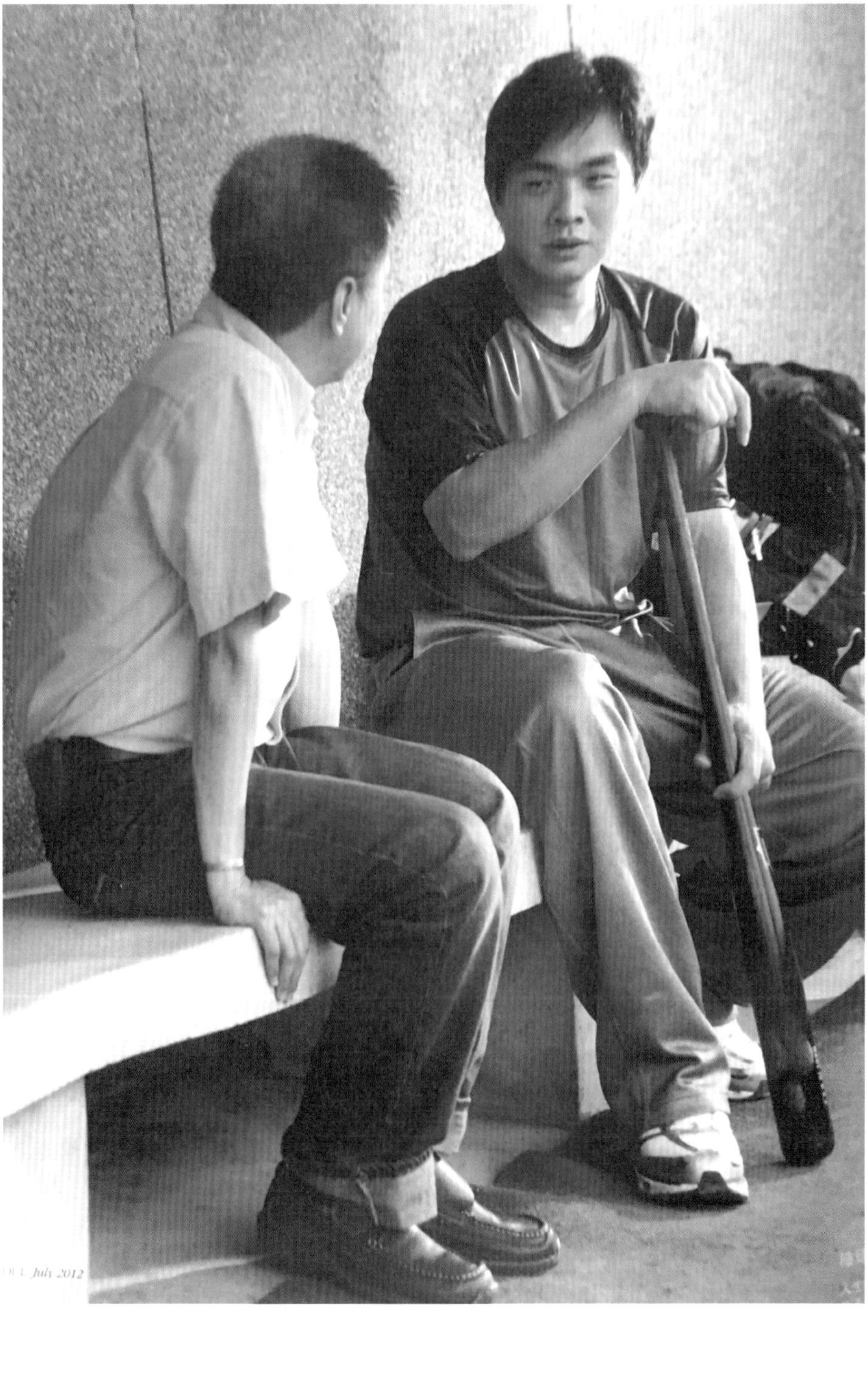
July 2012

側投的投手上去餵球，結果是想法正確效果不彰。但看了這些準備，還是能提供你做為評球的參考。

重新回到賽前打擊。如果有提早進場的球迷都應該看過，打擊練習時，後面有個遮擋球的網子，教練團會在後頭觀看打者狀況，而還沒輪到的人也會在旁邊等著，這時我會上前和他們聊聊，如果是三連戰的後兩場比賽，大概會談及前一場比賽的內容，有些關鍵處彼此的看法，或是對方今天先發投手過去的對戰成績，投打的策略，中信兄弟教練丘昌榮從選手時代就是常和球評交換意見的人，是個對棒球技術一直在求進步的人。

練打的如果不是先發選手而是二線球員，通常我會把話題落在近況如何等，有時教練不在旁，有些私交較好的球員也難免會抱怨兩句，說自己明明狀況很好但教練都不排上場等。這些當然是聽聽就好，比較不適合在電視上公開始談論。

打擊練習結束，有些選手會選擇去休息，有些則是去練習跑壘，利用隊友擊出球去訓練自己的起跑時機判斷，還有就是拿起手套去內野再加強接球的能力。

印象中有一次是看到和信鯨二游搭檔鄭昌明和林岳亮，不僅練接傳還做雙殺配合的默契訓練，這時我心血來潮趕緊請導播派攝影同仁去拍他們守備的動作，心想如果正式比賽出現他們演出雙殺時就能派上用場，結果賭對了，比賽中真出現了雙殺，導播立馬播出賽前拍的這段影片，再加上我適時的說明「好的默契需要靠平日的練習」，感覺呈現出來的效果很讚。這種絕佳的感覺，我相信緯來體育台的工作人員也不會因為比賽還沒開始，就多出工作而抱怨，反而覺得那是一種另類的成就感。

潘忠韋　賽前有很多有趣的事可以引起我的注意。

比如打擊，看打者的揮棒大概可以知道他是什麼打擊型態，除了揮棒動作，走進打擊區前就有很多值得看的。每位選手打擊前的準備動作都不盡相同，有人習慣揮了兩次棒才走進去、有人一定要拿加重棒、有人會採用誇張的揮棒軌跡等。因為正式比賽我比較容易打到球的下緣，所以在賽前練習時，會刻意把揮棒軌跡拉高一點，調整的目的就是希望製造多一點平飛球。球員在賽前的準備，大多是帶著策略性的。

另外，有些打者會習慣跟著投手節奏揮棒，但有些打者是一動也不動、靜靜蹲在場邊看著投手，這些都算是球員比賽前的一種「儀式」，有的球員偏好身體模擬，有的球員則著重意象模擬，才會呈現不同的準備方式。

比如，我看陳俊秀在賽前練習的時候，會刻意的往右半邊攻擊，這是有目的的，他是想要模擬壘上有人的時候，能做出有效率的攻擊，幫助隊友多搶進一個壘包，而且他不只是做表面工夫給教練看，是完全進入備戰狀態，是真的為了待會比賽用得到而認真準備，這些態度和專注度的差異，也只有在賽前近距離的觀察才看得到，如果在比賽中壘上有人的狀況換陳俊秀打擊，就可以馬上提到這點，讓大家對接下來可能會發生的情況有更多想像和期待。

觀看投手的賽前練習，第一個要看他身體的狀況，做動作看起來費不費力，進而觀察他在牛棚的投球，球的尾勁、控球精準度、球速，另外，還有球與球之間的投球間隔，間隔拉愈長的，代表今天他要調整的地方很多，可能是身體部位有疲勞、有緊繃，也有可能是今天球感沒有那麼理想。節奏明快，眼睛一直盯在捕手身上，很順暢的一球接一球完成牛棚熱身，則代表今天投手對自己的球速、控球都很滿意，按照常理我可以想像，今天他在投手丘上會有很不錯的宰制力。

仔細研究攻守名單

曾文誠　觀看賽前練習差不多告一段落之後，當天的攻守名單也出來了，這是個重點。如果近來戰績不錯的隊伍，通常名單不會有太大改變，而連敗的隊伍則或多或少有些變化，已故的徐生明總教練很有趣，他帶的球隊如果打得不順，徐總不但會改一下陣容，在攻守名單上的簽名有時還會簽反字，如果還不行，徐總就乾脆自己去當三壘指導教練，總之想盡辦法贏球止敗就對了。

潘忠韋　賽前會很期待看到今日攻守名單，在還沒拿到名單之前，通常雙方都會先公佈先發投手，這時候心裡也會默默的擬一份雙方的先發名單，一直到賽前攻守名單出爐，就能對照自己的理想名單和教練團的準確度有多高。有了這份攻守名單，可以去問教練團對於排兵佈陣的考量和想法。如果自己心目中的好人選卻不在名單上，也可以從教練身上找到答案，是不是選手身體有狀況，還是教練看到我沒發現的地方，或是有個人喜好摻雜其中。

從攻守名單甚至是棒次安排，棒次如果有大幅度調動，其中一定有文章，有些時候會因為左投右投的關係而做鋪排，有時候則是因為選手近況的好壞做棒次調整。

所以光是一張攻守名單，仔細研究就能有很多可以著墨的焦點。

蒐集教練、球員情報的時機

曾文誠　攻守名單出來後是和總教練聊聊的好時機，不管有沒有改變都可以找到話聊，沒變是想持續打線維持整體手感？改變是因為前一戰攻擊未能串連？或是想「拐氣」一下，抑或是傷兵？或是單純只是純讓選手休息？

這些答案出來後是你進一步和選手談的素材，像被拉到先發的二線選手，就可以聊一下準備的感覺，過去和對方先發投手對戰的狀況，或平日自己的觀察心得。

無論和誰聊，我的習慣是讓

對方發表看法而不是自己給意見，有時看媒體同業在賽前碰到總教練會問「今天某某沒上是不是狀況不好？」這種情況下，即便真的如此，他也可能給另一個答案，長期的採訪經驗告訴我，不同的對象，是總字輩的，是明星級的，還是菜鳥？是熟識的，還是剛給名片的？提問的技巧都不同，也會關乎談話的氣氛、結果，甚至未來的相處關係。

潘忠韋

對我來說，與選手的互動，是最喜歡也最重要的部份。

每次比賽前，都很期待和選手、教練的交談，在輕鬆愉快的聊天過程中，不知不覺也把當天需要的功課蒐集完成了！

之前我和 Lamigo 打擊教練「龍貓」曾豪駒聊起王柏融的打擊動作，他提到王柏融在球季剛開始的階段，打擊型態會因應好球帶做調整，會針對以往比較不揮棒的位置做攻擊，所以常會出現攻擊壞球的情況。到了季中，再問龍貓同樣的問題，他說現在的王柏融就是做揮棒機制的修正，在了解今年的好球帶之後，把重心放在自己的打擊動作上，有點邊打邊調整的狀況，所以從成績看來起伏大，也會讓人覺得好像是帶著擔心站上打擊區，這也是大部份的打者會面臨到的過程。到了球季尾聲，王柏融調整出很好的打擊機制，成績也逆勢看漲，有找回前兩年

的感覺，擊球過程很果決、不猶豫，是帶著信心和自己的節奏去面對比賽。

透過這個例子，可以知道一個重點：不能只相信眼前看到的。

如果沒有和打擊教練交談，沒有主動了解球員的近況，那麼看到季初的王柏融，會非常意外他怎麼一直追打壞球；看到季中的王柏融，會覺得「大王不見了」；到了季末，又會自打嘴巴的說「大王回來了」！但是，很多時候教練和選手是帶著策略和規劃來完成漫長的球季，如果只看到眼前所見，不了解背後緣由，就主觀說出口評論，不但扭曲了當事者的原意，也會被觀眾誤解。

還有一個勵志的小故事。

剛從二軍上來一軍的林智勝，在球隊裡已經不是固定先發的角色。賽前空檔找他說說話，他告訴我，很清楚現在的身分和任務，無論是心態上還是技術上，都找到一個平衡點，不管球隊在什麼時候、什麼狀況下需要他上場，代打也好、代守也行，永遠都做好準備。那個對話過程，除了感受到他的努力，絲毫沒有大牌球星失意的怨懟。那場比賽中後半段，他果真上場代打，還打出超前全壘打，我在轉播室的情緒也有些激動，我可以做的就是告訴觀眾，林智勝是帶著全力以赴、毫無保留的態度站上打擊區，這絕對不是一件容易的事，人人都知道打擊很困難，代打更

是難上加難，在只能成功不許失敗的壓力下，在只有一次證明自己還可以的機會中，林智勝沒有讓大家失望，我可以做的就是把選手的努力和背後的汗水，轉化成語言，讓觀眾都感受到。

保持與球員的良好互動

曾文誠 談到相處關係，究竟主播、球評和球賽對象，也就是選手、教練間應該保持什麼樣的關係呢？

我想任何人被批評一定會不爽，那是人之常情，美國職棒也不乏這樣的例子，近來最有名的例子是紅襪隊先發投手 David Price 被自己轉播單位球評 Dennis Eckersley 批評而不爽的例子。還有洋基隊轉播單位 YES 電視台的當家主播 Michael Kay 罵隊上中外野手 Clint Frazier 也是一例，後來還讓 Michael Kay 公開道歉平息風波，這種讓當事者不爽的結果，恐怕也是當主播球評的「風險」之一。

那該如何做？好像也沒有個一定的標準。球評上了臺原本就是該對比賽內容有所評論，但重點還在於這個所謂的評論是否是對事不對人？「批評對事，稱讚對人」不僅在職場有用，在主播台亦是如此。

以 Michael Kay 的地位，最後卻願意道歉，應該在於他知道自己因為洋基隊那時戰績不佳，一時心急而對處在傷兵名單者有所批評。要知道沒有哪個選手願意受傷只領乾薪不做事，Michael Kay 明顯在這件事上只針對人不對事，所以自知理虧而低頭。

所以你是怎麼樣的情況下做出評論，這一點真的很重要。再舉一個古老的例子。忘了哪一年，那時獅隊有兩大王牌謝長亨、郭進興，有場和兄弟象拚下半季冠軍的重要比賽，郭進興接手謝長亨的投手工作，卻搞砸領先的優勢，最後輸了比賽，當時我說郭進興接在謝長亨後頭，兩人投球形態太接近，對於已經開始打順謝長亨球路的象隊選手而言，未必是好調度。兩天後郭進興在球場遇到我，跟我說當晚他回飯店有看重播，聽到我說的這段，覺得很有道理，不過教練怎麼排，他也只能接受，上去好好投。

我常在想是不是過去採訪的經驗，讓我和選手、教練有某種程度的熟悉，所以彼此之間有一定的交情，即便有什麼不好聽的話，被說的人也沒有太大的不滿，後來多年下來，有時認真看這件事，會發現這似乎不是主要的重點，多半還是跟自己講球的方式有關。

UNILIONS

所有人都知道，我不是科班選手出身，從某些角度來看，坐這個位置有些勉強，事實上早在多年前《龍族雜誌》的訪問上我曾提到過，未來球評的工作應該是球員或教練退休後擔任，但現在我還在轉播席上，或許就因為是球迷出身，知道球迷可能想了解什麼，電視轉播的優點，也正是缺點，那就是觀眾可以清清楚楚的看到畫面，如果你只是把剛發生的事，在慢動作重播時又說了一次，那有等於沒有，球迷想知道的是為什麼？所以在狀況還沒發生之前，我會先分析教練可能

會怎麼做，有幾種戰術選擇？機率各多少？一來讓球迷先了解，二來也增加看球的參與感。

潘忠韋

不得不說，過往球員的身分讓我更容易和球員開啟話題。

也是因為球員身分，比較容易體察球員的心情，也較容易看出事情的核心，直接問出關鍵的問題，例如：我會問球員「陳禹勳的指叉球真的那麼難打嗎？」球員就知道我有看比賽，而且知道他昨天面臨什樣的狀況，他就會回答我「因為出手點很難判斷」，接著交談不只可以繼續，我們還可以一起想出各種解決方法。

盡量避免問很空泛的問題，像是「你覺得今天狀況怎麼樣？」「昨天那支全壘打怎麼打出來的？」當你問這些問題，球員大概只會回答你「還不錯啊」「打擊感覺很好」之類，你得到的答案也會因此很空泛。

不只要準備好問題，還要預想對方的感受，讓對方覺得你的問題對他來說是有幫助的，你們之間的對話才有意思。

有了愉快的交談，才能建立與球員之間良好的互動關係。

此外與球員的互動還有一個重點，也是最重要的第一步，那就是態度一定要誠懇！

連轉播畫面也要傷腦筋？

曾文誠　我不知道我算不算是台灣唯一，會在比賽前和導播溝通的球評，比較常合作的是于大光導播，對於拍棒球他有使命感，講棒球我有些理念想傳達，所以兩人一直合作愉快，如前述鄭昌明和林岳亮雙殺的例子，就是希望他請攝影先捕捉，有機會在比賽中出現時再適時推出去，如果不是先準備好的片段，我會先跟他提醒今天我可能會說什麼。

記得有一次是，在賽前守備練習時，注意到高雄澄清湖球場內外野紅土和草皮間，由於整理場地沒有注意到，以致這當中產生一點落差，如果球正好擊中那裡，可能會有不規則彈跳。

我就先跟于導提這件事，告知如果碰到適合的時機點，或雙方沒有太特別攻勢時，就可以提提這個。之後在某局，于導透過耳麥說上一句「來了喔」，我就很有默契地跟球技迷觀眾解釋，為什麼現在畫面會帶到紅土草皮間的位置，然後進一步說明可能對比賽造成的變化。

說到此好像可以舉的例子很多，也覺得做這份工作除了實際的收入，最有價值與成就之處，就是帶給觀眾一些棒球知識，而不是單純的看輸贏。

可以舉的例還有二壘手雙殺踩踏壘包的點，因為二壘手在接球後轉傳，會因為送球者是三壘手或游擊手，是速度快或慢的來球而有不同踩踏位置，這會影響轉傳一壘的正確性。當然你也可以選擇在情況發生時對著畫面說，但現實可能的情況是導播要求攝影拍的時候，下一個 play 又發生了，這是比較可惜的，所以我寧願先和導播溝通，真出現時配合起來就流暢許多。

還有像廣告看板反彈力道等，可以舉的例子真的很多。

所以賽前除了觀察天氣，戰力各方面，還能做的是和轉播同仁事前的規畫，那幾年在轉中華職棒不算短的時間裡，導播、攝影之外，很幸運的能和一群非常有熱情的轉播團隊一塊合作，緯來體育台製作人楊周瓚就是一位，有時比賽前幾天想到播球的點子，我會跟他提。像有一回我看資料說到棒球左打者揮擊和網球反手拍的軌跡是相近的，就請他去找相關的影片，後來獅隊左打羅敏卿上場時，我們就用已經備好多時的分割畫面說明，那效果之好至今難忘。

潘忠韋　以直播賽事來說，導播、主播、球評是一個密不可分的鐵三角，三個人如果合作無間，靠著解說和畫面相輔相成，就能帶給電視機前的觀眾更多更廣的視野。所以，要是在比賽過程中提到某球員的特殊動作、習慣，或是一些一般人沒有注意的細節，導播通常會馬上給你畫面，球評

就要有即時看畫面說故事的能力。

因應現在媒體生態的變化，很多直播節目應運而生，觀眾想知道第一手最即時的訊息，所以我們就必須在第一時間送上。

以二〇一五年的世界十二強棒球賽為例，當時我收到 VAMOS 翊起運動的邀請，擔任賽後戶外直播節目的球評。在整個賽事開打前，製作人會交待工作內容，其實跟一般球評工作沒兩樣，就是在每場中華隊的比賽過後，跟主持人進行一個小時左右的講評。聽起來好像很簡單，但因為是直播節目，有時間和獨家的壓力，所以隨著比賽的過程、變化，有很多重要的 play 出現，球評要馬上抓出問題、找出關鍵點，還要馬上把這些題目丟給製作人，讓他們在所剩不多的時間裡，列出節目的主軸，並且有機會完成關鍵球員的訪問。

但是當節目開始，又是另一個考驗。當時遇到最大的困難就是，當沒有比賽畫面、沒辦法看圖說故事時，該怎麼辦呢？這時候跟主持人、製作人的搭配尤其重要，製作人按照球評的觀察集結訪問，主持人照著製作人的提示主導話題，球評跟著主持人的引導解說細節，我們就是畫面，用嘴巴帶著大家重溫比賽的精彩時刻。

這也是一個鐵三角的合作，缺一不可。

不管是賽事直播還是節目，球評都要有個「比賽第六感」，不只要感應到比賽最關鍵的因素，也要讓導播、製作人明白你想表達的重點，這個默契一旦成型，呈現出來的效果就會愈成功、愈讓人印象深刻。

賽前會跟主播溝通嗎？

潘忠韋

對我來說，在轉播室裡，主播就像拿著球的投手，擁有絕對的主導權，至於我，當然就是捕手的身分，要接住主播丟出來的每顆球、每個話題、每個問題，投捕之間必須合作無間，在一丟一接、一問一答當中，把球賽還有關於棒球的知識，一併帶給觀眾。不管跟哪位主播搭配，一開始，我會在賽前先問他們，待會需要我特別準備哪個部份，或是討論今天這場比賽的觀戰重點，先知道方向，才能盡量在賽前做好準備。

賽前時光是很好做功課的時間，一般來說，賽前跟主播在轉播室都會有一段非常輕鬆、有趣的交談，我們會聊到今天這場比賽有什麼看點，像是球隊的戰績為什麼那麼好、某球員怎麼近況如此火燙之類的，從聊天過程可以知道主播待會大概會抓住哪些話題，也會知道和主播做功課的方向是否差不多，如果他關心的跟我在意的不一樣，便可以在賽前趕快補足自己沒有想到的部份。

另外，也會提到紀錄達成、球隊的連勝連敗、主客場的成績、球員個人的特殊紀錄，都會是聊天的話題。

我的第一場ＭＬＢ轉播是陳亞理主播陪我一起完成的。因為是人生第一場，在完全不知道會發生什麼事之前，帶著忐忑的心主動問了亞理哥待會需要我做什麼，他告訴我「盡量講，別緊張」，用身體去感受比賽的節奏。三個小時過去，跟著亞理哥的步調，我才明白，場上每個play、每個變化，幾乎都要放進自己的評論，先跟上節奏，再談內容。

曾文誠

賽前可以做的事，要準備的很多，唯獨大家可能會覺得要花很多時間先溝通的主播，以我而言，倒是沒有在這個地方著墨太多，我在想可能是不論哪個主播，大家都是長時間合作，所以默契是很夠的，不用花太多時間去套什麼招，頂多是看到比較不同的先發安排，彼此交換些意見，正因為如此，通常東忙西忙之後，我上轉播室也就在快比賽前，抄抄攻守名單後，比賽差不多要開始了，至於吃飯（便當）還真沒什麼時間，只能利用廣告空檔隨便吃兩口，有段時間我腸胃不太好，不知跟這個有沒有點關係。

轉播中職的感想

曾文誠

應該很少人像我一樣在轉中職時，賽前準備比較多的東西，我自己是這麼覺得啦，可能是我們隊數真的不是太多，打來打去就那幾隊那些人，觀眾可能看久了也會提不起勁來，就想說多些點子來增加可看性，然後如同我說的，遇到熱情的轉播團隊，即便是多出來的工時，也願意去做，只為了表現出不同的畫面效果，我想他們是真的愛棒球吧，或許開始只是一份工作，但接到中職轉播任務，從我幫他們上了幾堂棒球教室的課之後，他們會拉著我問規則，問戰術，會在比賽前練傳接球，雖然我一直擔心會砸中旁邊那台超級貴的轉播車，但他們投入熱情愛棒球的精神是看得到的，雖然多年後有不少人陸續離開原單位，但我依然要向他們致上敬意。

潘忠韋

轉播中職，話題很重要，賽前和主播的溝通時間也會更多。

大家對中職有另一份特殊感情，關注度高、熟悉度也高，對球員的大小事都要瞭若指掌。

例如，賽前我會和球員聊昨天那發全壘打怎麼轟出去的？當下抱持什麼心態？得到這些訊息之後，轉播前就可以把這些訊息跟主播分享，等到比賽過程中，重播昨天那發全壘打的時候，就自然而然的帶入賽前聊天內容。所以，如果賽前不溝通，那就「只是一發平凡的全壘打」，賽前有溝通，就會是有故事的全壘打！

我也會和投手聊到前一場，怎麼渡過最危機的時刻，是什麼原因幫助他解除危機，接著賽前也讓主播知道我得到的答案，這樣比賽時，主播就可以很明確的告訴觀眾，昨天投手其實並不像表面上看起來那麼風平浪靜，心裡其實經歷了一場狂風暴雨。

第三章
CHAPTER 3

球賽前該準備什麼？【國外篇】

腦內模擬與吸引人的話題

潘忠韋

準備一場比賽，第一步，先從兩邊的先發投手開始，腦中模擬如果今天我是打者，要面對這兩位先發投手，一定要清楚對手的幾個數字，包括他的基本資料、球種、球速、投球局數、三振保送比、防禦率、每局被上壘率等，還有一個最重要的數字：近況。很多時候看大數據會發現這位投手成績很普通，但一看近幾場比賽，根本都是賽揚等級的表現，當然也有很多時候是大數據漂亮，但近況很差，這些都是球評必須細看的重點。

有了對投手的基本認識之後，我就開始擬定幾個攻擊策略，而且會把所有投打可能的對決情境都預先做好準備。

接著就是找出球迷會感興趣的地方。顯而易見，就是對戰球隊的故事和話題，像是經典的洋基對戰紅襪的「基襪大戰」、洋基與大都會的「地鐵大戰」，或是天使和道奇的「高速公路大戰」，這些經典對決都是未演先轟動，也有很多新聞可以參考。了解這些背景之後，重點還是放在今年的動態，例如：補強、成績、季初到現在有什麼火花，醞釀這些話題，一直到對戰前，就會引起球迷的目光和期待。

每個對戰一定都有話題，比如：雙方的先發投手都是賽揚等級大投手、兩隊上一次交手時清空板凳、A隊的中心打者交易到了B隊等，MLB三十支球隊天天都有新鮮事。

還有就是球員特色。棒球場上「人」還是最重要的，有人的地方一定有衝突，不管是肢體衝突或是言語上的激烈對話，都會是話題，也是大家很感興趣的「花絮」，像是太空人的Alex Bregman在二〇一八年美聯冠軍賽第三場前，在自己的社群網站上貼了一段紅襪投手Eovaldi例行賽被太空人三連轟的影片，

挑釁意味十足，當然也引起許多爭議，這些吵吵鬧鬧的消息，都是球評必須幫球迷抓出來的場邊焦點。

另外，球員的個人特色和故事也會是比賽中需要的「點綴」，像是二〇一七年世界大賽 MVP —— George Springer 從小就有「口吃」的障礙，只是表達障礙擋不住 Springer 的棒球天份，反而讓他成功克服口吃並且在棒球場上大放異彩；小熊當家一壘手 Anthony Rizzo 沒有被淋巴癌擊倒，積極接受化療並且重獲健康、重回球場。這些小故事都會在轉播時很快地幫助球迷更了解球員。

有了這些故事，最重要是如何在比賽中適當的穿插運用，除了敘述故事本身之外，有時候也可以加上自己的註解和感想，因為很多球迷已經早你一步知道事情的來龍去脈，他們想聽的是球評對事件的評論和分析，所以對每件事、每個話題，都要有總結的能力。舉例來說，強打少年 Harper 和巨人投手 Strickland 大打出手，起因居然是三年前的一記觸身球，這個事件很多人都知道了，雖然雙方都否認是故意的，但就我的角度，會告訴觀眾在看了當時的影片還有投手的動作之後，很清楚「Strickland 就是刻意投出觸身球」，根據的就是投手出手角度還有丟到人之後的情緒反應，以我當球員的經驗，那絕對不是一個不小心的觸身球，所以即便他嘴上說不是但身體很誠實，這個時候球評就需要給觀眾一個合理的判斷。

該怎麼應付資訊龐大的美職？

曾文誠

當然我現在常播的比賽是美國大聯盟，和中華職棒比起來，那完全是兩回事，所以我常碰到有人跟我說中職和美職不都一樣是講棒球嗎？我也只能笑笑。

講起賽前要準備的事情，轉美職嚴格說起來，不是「賽前」準備而是每一天都要準備啊，因為隊數有三十隊，雖然電視台基於收視考量，選擇轉播的隊伍都不出那幾隊，但你也絕不能把其他球隊當做空氣，隊數多，選手不少，還有就是比賽的人雖然近在眼前，我們卻遠在天邊，是碰

不到也摸不著，不能像中職那樣提早到場問東問西，所以就得靠一些資料幫忙，因此平日隨時做功課是有必要的。

以前我常跟朋友開玩笑說我帶一支筆就能去轉中職，是因為太熟悉了，但這句在美職不適用，因為即使也熟悉，但一支筆是不夠的，這年頭資訊量如此之大，至少得再加一台電腦吧。

喔，不對，事實上我是從沒有電腦時代就開始轉播美職的。那時要從台灣飛到新加坡去做節目，而在一九九六年那個年代，美職的資訊沒有像現在這般發達，平常做功課就有點吃力，只

能仰賴賽前的資料，但問題是賽前資料很多，卻是比賽前半小時才從傳真機傳過來，當天的 game note 一大疊，根本來不及消化，就這樣上陣了，實在是很對不起觀眾。

但這年頭不同了，如果有這麼多資訊不看，就真的不能再說對不起觀眾了。先「內舉不避親」一下，我平常一定先看自己創辦的「TSNA」新聞，我們公司有兩個寫美職的大師級編譯曹玉烱（也是《圖解MLB》一書的共同作者）及賴意文，他們都已在這個領域耕耘非常長的一段日子，品質絕對數一數二。

看中文新聞的好處是閱讀方便，自然是首選，但新聞來源及平台還是得慎選，否則你只會看到很多很多錯誤的資訊。另一方面，社群媒體發達，有些粉專仍有不少民間高手，提供各方面的訊息，也是我平常會去瀏覽的。

面對美職的第一份工——英文

不過說到底，能直接看原文當然是最好，平日多看各媒體新聞或各隊官網，知道近來發生什麼事，有什麼特殊紀錄待破，或者是有什麼交易傳言等，以免主播在提時，什麼話都接不上就不太好了。

不過就球評工作來說，轉美職最幸福的是，在轉播時想要什麼資料網路上都有，我還常開玩笑對常富寧說：「什麼死人骨頭都找得到」。光是「FanGraphs」、「Baseball Reference」、「Baseball Prospectus」這幾個大家比較熟悉的數據網站，就要什麼有什麼，包括季前預測，選手薪資，交戰成績，投手球路，投打熱區，捕手阻殺率，歷年背號，總之，真的要什麼有什麼，別忘了還有大聯盟官網提供即時比賽訊息。

這些網站雖然都屬於比賽過程中，可提供輔助查詢的地方，但我還是把它歸類到賽前的預備功課，先去接觸哪些網站有什麼內容，屆時查起來也比較容易，不過我個人還是習慣在球賽轉播時，以畫面內容說明為主，不要太常去唸資料，不然找一般鄉民來做就好了。

潘忠韋

說到ＭＬＢ的轉播，對我來說真不是件容易的事。

大家都知道，要搞懂美國職棒，首先英文要看得懂，因為不管是場上的隊名、人名，或是查詢資料的網站、報導，都得靠英文。但是對一個從十歲開始，棒球幾乎佔據大部份時間的人來說，英文絕對是陌生的。

「當上帝關了一扇門，必打開另一扇窗」這句話在我身上還真的發生了。離開職棒之後，決定完成一件一直想做卻沒辦法做的事——去美國遊學，遊學前還找了老師惡補ＫＫ音標，就這樣帶著破英文到美國展開半年的遊學體驗。那段時間，每天都是密密麻麻的英文在眼前跑來跑去，不只大量累積詞彙，聽說讀寫都從幼幼班的程度進階到小學生。當時不知道，這段歷程居然會成為後來當球評一個很重要的基礎。

有了一點英文底子，在找資料上就方便多了。

mlb.com 還有ＥＳＰＮ官網，是做功課最基本也最不可少的兩大網站，上面除了有詳細的對戰資訊，還有看不完的新聞、消息。網路的便利也大大縮短事前準備的時間，現在有很多非常專業的進階數據網站，完整記錄球員每場比賽的投打表現，例如：投手使用球路的比例、球的轉速、容易被打安打的位置等，還有打者的打擊熱區、擊球落點等，只要靠手指頭，都能在網路上找到。

有了這些資料，接下來要做的，就是整理。

首先，我會把重點擺在兩隊的先發投手，畢竟他們在比賽中扮演舉足輕重的角色，也是一場比賽的關鍵人物。找出他們的基本資料、今年的投球數據、球種、球速、逐場成績、對戰表現等，還要知道最近跟他們有關的消息。

另外，牛棚投手會是我的第二個重點。尤其現在牛棚在比賽當中佔有很大的比重，分工也很清楚，所以牛棚投手的資料也盡可能完整。

最後，就是打者的部份，跟

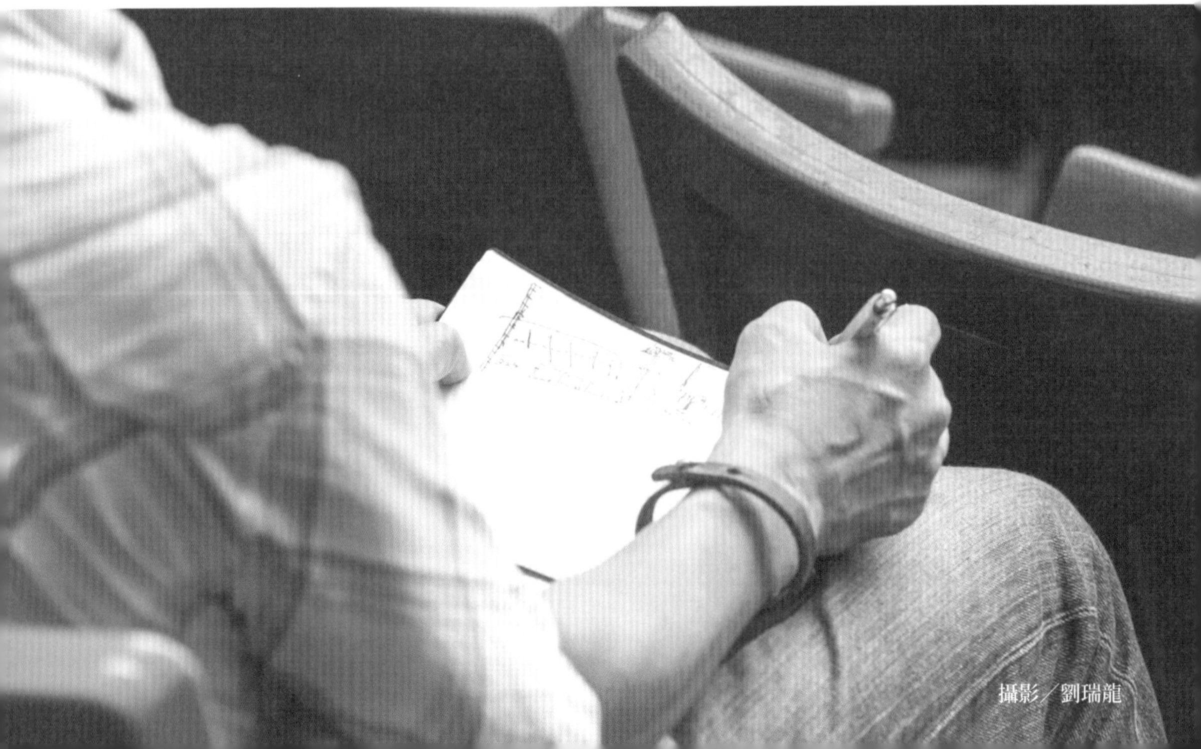

攝影／劉瑞龍

投手一樣，基本的數據不可少，我會找出幾個近況好的打者，細看他們近幾場的打擊表現，看他們能夠扭轉比賽的原因。當然也會找出近況不佳的中心打者或明星球員，從數字或是動作來看看造成他們低潮的因素有哪些。

除此之外，如果時間充裕，我會看先發投手前一場出賽的畫面，或是球隊前一場比賽幾個關鍵的play或highlight，對於掌握球員或是比賽的狀況，很有幫助。如果真的時間不夠，當天MLB的相關新聞或是集錦也可以讓我在短時間之內，得到充份的訊息。

做足了紙本功課，接著要做點動態的訓練。

「表達」對我來說比較困難，我知道我需要一些訓練，所以一開始用土法煉鋼的方式，把要說的話寫得很詳細，一字一句都盡可能寫下來。然後將開頭要講的台詞背下來，這些訓練真的有幫助，藉由記錄、背誦，累積更多的詞彙，不再只是「這球打得很好」「這球投得不好」「投手表現好棒」之類的。

第四章
CHAPTER 4

比賽進行中！

配球——最精彩的鬥智

曾文誠　投手負責投球，捕手則負責接捕，有人以夫妻來形容兩人的合作關係，可說再貼切不過。能不能讓打者擊球失敗，進而贏得比賽，就看他們如何配合，所以我向來認為投捕是防守上的重要一環，是看球的重點，當然也是講球的重點，所以我總會多花點時間來談投手球路及投捕配球。

然而我並非一開始就把焦點放在配球上，但有機會看了很多的日職比賽後，我發現球評很常把重心放在這裡，久而久之也讓我看出興趣來，那簡直是最精彩的鬥智。

要談投捕手配球就得從投手投出的各種球路說起。很多人會問我如何看得懂投手的球路？這可以分成兩個部份來談。首先很基本的，就是要了解投手擁有什麼樣的球種，如果在中職就可以問當事人或接捕的捕手，過去我有到中職每個球隊看春訓的習慣，那時新洋將剛到，是觀察的好時機，所以也順便了解他的球路，如果是球季中才來的，那麼問接捕過的捕手是最直接的方法。

如果國外的職棒就利用網路資訊，現在網路發達，網上不僅有投手擁有的球種資料，連速度與球的轉速都有，有了這些資訊做依靠，才不至於明明投手丘上的人沒有的球路你硬是「指鹿為馬」，就有損你的專業了。

了解投手的武器之外，第二是你要有球種行進軌跡及速度落差的概念。例如速球之外，直線變化球有指叉、變速球等，橫向變化球有曲球、滑球等，有了這些球種大概運行的方向後，接下來就是這些變化球種和該投手速球的速差，通常一位投手直球球速若在一百四十五公里左右，那麼他的變速、滑球大約會往下掉個十公里左右，曲球則再下探十公里，這是大約值，每個投手可能都有些許差距。

此外，還有要注意的是了解每一個球種的握球及投球方式，他們是如何出手的，這樣就更容易判別了。

知道了投手有什麼球種武器，了解每一球種大約的速度，再了解球行進的軌跡，差不多就可以判斷出投手投的是什麼球路，如果配合電視畫面的慢動作重播，大概就八九不離十了。

功課若要做得更精細，大概就是要了解投手的球種比例分配，雖然有些投手號稱會投數種球路，但實際比賽時，即便是先發投手也頂多只會用三到四種，所以有了大約比重的觀念，與決勝球的使用，對你在觀測或預測球路上都是很有幫助的。

有了以上這些概念後，判斷球種對你來說應該就不難了，舉個最簡單的例子，

一個以滑球為主要球種的投手，若投出個往右打者外角變化，球速約一百三十五公里速度的球，說他剛投出滑球就是正確的答案了。

不過要提醒的是，某些投手因為同時擁有相類似的球種，有時會造成判斷上的困擾，例如把同樣直線變化的指叉球說成變速球也是有可能發生的，這是必須要注意的。

投捕手配球則可以分兩塊，其一是分析已發生的，舉例來說，如果投手在一個內角速球之後，再丟個偏外角的變化球，這是很典型以位置及速差來困惑打者的策略，這時就能分析投捕手思考的方向，這種傳統的配球模式，在學生棒球比賽中比較常見，但在更高階的職棒比賽，球與球之間都充滿了算計，即便投壞球都可能是一種配球的過程，過去我很愛去分析葉君璋的配球，因為常不按牌理出牌，所以即便球已經投出，還是讓播報室的我也跟著要細想下一球，因

GEICO
Over 75 years of savings and service
SWEYE
Davis Vision

為他常會要投手同一個位置連來兩三顆。

拜科技進步所賜，現在的電視轉播常有每個球種的進壘點，甚至不同符號標示球路，所以要解說就容易多了。但早年沒有這樣的技術，只能以口述方式說明，但常常講了半天，觀眾還是一頭霧水，所以後來就和當時的導播于大光研究，如何用好球帶九宮格來標示球路，加上電視公司後製，儘管有點土法煉鋼，但總算從無到有搞定，也算是轉播史小革命，後來做出心得來了，連打者的打擊熱區也做得出來，那時的做法是我先把手中的資料蒐集起來，逐一在紙上畫出打者擊球九宮格交給于導，他們再去後製，這樣做很能增加轉播的可看性。記得有次統一獅洋將賀亮德打擊時，此時轉播畫面就秀出他的打擊習性，我對著畫面說，他的弱點在七的位置，結果投手下一球就丟出顆外角滑球，他老兄揮了個大空棒。還有一次現任聯盟秘書長馮勝賢在總冠軍戰上場時，我對著畫面九宮格說：「雖然他長打不多，但投這個位置很危險！」下一球，他就把球轟向左外野，每當這種情況都讓我特別有成就感，那是金錢難換的。

話回到配球，美國職棒明星球員 A-Rod 退休後現已轉戰球評界，他的評論內容頗受好評，但唯獨有人對他在評述過程中喜歡猜測球路很有意見，這一點我倒是有不同看法，我認為 A-Rod 是習慣使然，身為打者的他原本就有預測球種的習性，這種習性自然而然地帶進轉播席，常常不自覺地透過麥克風說出下一球可能會出現的球路。我個人則認為轉播猜球其實是一種樂趣，和球迷共同「娛樂」的一種方式，就好像你變身為打者，和投捕手玩剪刀石頭布一般，想想看我在轉播位子，你在電視機前，大家一起玩看誰猜得對，不是很有趣的一件事嗎？

有必中的猜球技巧嗎？

曾文誠

有些球迷認為我預測球種很準，到底是怎麼辦到的？在這個地方分享一下。

首先是在壘上沒有跑者時，此時捕手的球種暗號其實相對單調，例如單指是直球，兩指是曲球等，這個是最簡單的。所以如果電視鏡頭有特寫捕手手指動作時，其實不難看出下一球是什麼。

但若壘上有跑者，尤其在二壘時，捕手暗號難免較複雜，先跳開提另一話題，如果關心美職近幾年比賽內容，就可以發現暴投、捕逸變多了，那是因為現今大聯盟球探報告愈來愈精細，投捕手想藉由球探報告去三振猛揮大棒的打者，所以思考較多，暗號更形複雜，往往造成溝通不良以致暴投、捕逸次數增加，此一現象未來應該會更嚴重。

因為怕跑者偷暗號給打者，捕手暗號變得益發複雜，要單靠捕手動作猜出球種機會並不高，這時候純然是經驗了，以投手或捕手過往的配球習慣去猜，或是當時比賽的情況，例如大比分時，領先一方的投手會力拚速球，或是一壘壘包空著比分接近，球數不利之下，捕手可能會選擇閃躲，以變化球為主等。

另外就是前述的，投手球種的配球比重，及什麼情況下會用不同的球路，關於這一點轉播美職就幸福不少，國外網站各式各樣的資料都有，轉播時都能拿來做為參考。

攝影／劉瑞龍

雖然有配球的參考數據，但比賽是人打的，是人就有變化，這也是棒球比賽吸引人的地方。碰到這種時候我就會靠第六感來猜，這種直覺式想法，很難學也很難在這裡說明，有時在播球時不論是猜配球或戰術下達，並沒什麼太客觀的參考依據，純然是第六感，結果很有趣的是，第六感常常是最準的。

題外話，在實際作戰上，不論是捕手的配球或是教練戰術使用，也不乏以第六感這種「靈機一動」為依據，而且愈是久戰沙場的老教頭，愈有可能出現這種「靈機一動」，過去長嶋茂雄調

度常出現這種以個人直覺去下達，而被日人稱之為「直覺作戰」就是一例。

我想各行各業都有這種情況，經驗久了就有獨特的嗅覺做出不同的判斷，不過這種靠第六感下達的指令，因為沒有太客觀的依據，明明有三成打率的對戰成績的代打可用，結果派出個不到一成的上打擊區，只因直覺相信後者此時能擊出安打，如果出錯，那遭受的批評恐怕更大了。

教練會用什麼戰術？

曾文誠

投手配球之後，再跟各位談談比賽中的戰術。這一點很多人都說是結果論，這也是我盡量在轉播過程中極力避免的，也就是不要太流於事後諸葛。

那該怎麼做呢？我的方式也是個人播報的最主要精神，那就是與其事後講，倒不如事前說。在比賽進行中，打個比方，無人出局一壘有跑者，你覺得此時教練會用什麼戰術？觸擊短打推進？盜壘？打帶跑或什麼戰術都不下？

我說沒有一定的答案，得視當時的狀況而定，雖然沒有標準答案，但身為評述者，我的習慣還是會提供一些看法，在狀況沒有發生前提供給觀賽者一些想像的空間，以增加看球的樂趣。

所以狀況來了，同樣是無人出局一壘有跑者，比賽後段分數接近，又是後段棒次的話，這些條件都具備了，那可預期出現觸擊短打推進的機會相對高，這裡還得提供另外一個條件，那就是你面對是什麼樣層級的賽事，是學生棒球？是台灣職棒？日本或美國職棒，如果是最後一個，除非投手打擊，否則對每個人都能轟出全壘打的大聯盟，可真不一定要這樣理所當然的推論。

不過要強調，在做分析時還是得看當時背景，其實下戰術的教練也是如此，不能說有ＳＯＰ可循，但教練使用戰術的時機，其共通性是差不多的，如打者球數領先，一好三壞球，捕手再吊球的空間不大時，打帶跑戰術出現機會相對增加，多數教練這麼做，要猜就不難了，甚至轉播經驗夠豐富的團隊，不等主播球評說，他們就把鏡頭擺在一壘的跑者身上了。

不過猜不到的機會還是有的，這就是轉播棒球最有趣的地方（看棒球不也是？）印象中最讓我驚訝的一次戰術是名教頭 Tony La Russa，那次戰術不是發生在他執掌紅雀時，而是更早的運動家隊時代，當時是無人出局一二壘有跑者，打者球數沒有好球三壞球，下一球你是教練要下什麼戰術？不下戰術等壞球保送，你會這樣想吧？我想百分之九十九的人會這樣想，不過 Tony La Russa 就是那剩

下的百分之一，那時他下了個我想不到但至今難忘的戰術，他使用跑帶打，先解釋什麼是「跑帶打」，意指壘上的跑者先走，打擊區上的打者視下一球情況而揮擊，好球就揮壞球就放掉，Tony La Russa 之所以下這個戰術，我個人認為是「一石二鳥」，如果是壞球打者放掉，變成保送擠成滿壘，如果好球揮了，跑者先起跑情況下，即便只是一壘安打，可能一口氣連一壘跑者都回得來，但這個戰術最大的風險在於，萬一打者揮空棒，第一位跑者可能會被觸殺在三壘前，由於此時攻方是處於無人出局一二壘有跑者，球數又是絕對領先的狀況下，用如此積極的戰術，萬一失敗了，遭受的批評將會十分巨大。

你一定會好奇的問我：結果呢？結果是名教頭 La Russa 賭對了，打者一棒揮出左外野安打，很令人驚奇而難忘的一次戰術使用。

另一個印象深刻的戰術是二〇〇八年亞洲職棒大賽，韓國飛龍對統一獅之戰，八局下半統一六比四領先，無人出局一二壘有跑者，打者輪到劉芙豪，這種可以追加保險分的機會，多數的教練會讓劉芙豪觸擊推進，但總教練呂文生也不是多數教練，他放給劉芙豪揮擊，結果一棒揮出左外野三分全壘打，劉芙豪在繞壘時，鏡頭帶到呂文生，他沒有太多激動表情，只是輕鬆咬著口香糖，好似一切都在他掌握中。

不過多數戰術還是有跡可尋的，這或許是我能正確預測的主因，這些有跡可尋來自常態性的判斷，例如比賽前段或後段戰局，輪到那一個打序會用什麼戰術都可以判斷得出來，還有就是什麼樣球數下會有各種不同考慮，打者球數領先使用打帶跑等。

還有就是比賽前面的走向，也會左右教練戰術的考量，這時一邊比賽一邊做棒球記錄就很重要。棒球記錄法是世界共通的，它所代表的符號不會是台灣人用一套美國人用一套，所以如果你拿到一張比賽記錄，即便是N年前的比賽，你也能靠這張紙，很清楚的知道從頭到尾發生了什麼事。

如果按正式棒球記錄法去記一場比賽的話，那麼別人看得懂你記的比賽過程，你自己當然更沒問題，那邊播球邊記錄有什麼好處呢？除了讓你更投入比賽之外，你更能從記錄中去解讀比賽和觀眾分享。舉例來說，前兩次出局都是同一方向的滾地球，這一次上場打擊後又是老地方，這不是巧合，而是投捕手的策略都相同且成功，還有擊球能力不錯的選手，教練卻在壘上有跑者時下達推進戰術，有可能是他前幾次的揮擊內容不佳，這些都可靠棒球記錄看出，也能在播球時跟球迷解說，以免流於結果論。

所以即便不能成為一位專業的棒球播報從業人員，只要學會棒球記錄法，依然能增加你看球的樂趣。

比賽時，要怎麼跟主播配合？

潘忠韋　這就關乎對人的理解和互動了，球評要配合主播，因為主播必須貫穿全場、帶動整場比賽的主KEY，他的節奏最重要。至於球評的部份則是要很有彈性，主播從行天宮講到外太空，球評都要想辦法跟上，考驗臨場反應、隨機應變。

一般來說，主播都會準備非常齊全的數據，提供給觀眾即時的訊息，球評要做的除了知道數據，更重要的是，理解數字背後的意義。例如，當主播提到某球員最近的打擊數據很亮眼，球評這時候必須挑出重點，包括：到底有多好？好在哪裡？對球隊帶來多大的幫助？如果提到近期數據是下滑的，球評可以說的就是指出問題出在哪裡，是受傷或是打擊型態改變，進一步以球員的角度提供怎麼做會更好。常見的狀況就是球員在季後賽腳有傷，但不影響打擊，這類球員可以出賽可以打，但跑壘、守備受到影響，球評有責任讓觀眾了解球員的狀況，看球的時候如果對球員的熟悉度增加，看起球來會更投入、更放感情，比賽當然就更有意思。

在互動過程中，主播的提問是最重要的，因為主播的疑問不單單出自本身的好奇，也代表電視機前許多觀眾的想法，不管球評的回答或是意見和主播一不一

樣，這一來一往的互動，通常都會讓觀眾豎起耳朵、引起討論。

比賽中段，主播通常都會問球評「球隊領先的關鍵」，這幾乎是每場比賽都會講到的問題。除了提到人人都清楚的關鍵一擊，可以更深入的提到觀眾沒有注意到的細節，像是：當下的配球是否失投、或是關鍵一擊之前的守備出現瑕疵，讓兩隊在比分上擴大差距。

當然，也會有比較尖銳的問題。「球評怎麼看今天的好球帶」，以我的立場，第一步我會告訴觀眾今天好球帶集中在哪個位置，或是打者搖頭頻率最高、和主審意見相左的位置；第二個，進一步可以分享「如果我是打者」，該怎麼來對付今天的好球帶，跟主播一起找出主審好球帶的特性。有尖銳問題，找出方式應對，用其他角度來提供更多面向，聽起來就不會一直鑽牛角尖，找不到出口。

主播的問題百百種，除了和比賽有關的問題，還會提到球團的主題日、特別節日的活動，球場以外的問題，大部份就是分享自己的感受，可以比較輕鬆的跟觀眾分享自己跟活動或是活動來賓的連結，像是主播提到球團大手筆請到搖滾天王伍佰賽後演唱，我就可以接著說，對於五六七年級的人來說，人人心裡應該都有一首「伍佰的歌」，而我心裡那首伍佰的歌就是〈挪威的森林〉，因為「台也可以台得很浪漫」！

轉播時的「禁忌」

曾文誠

各行各業都有禁忌，據說值夜的護士千萬不能說今晚太閒這種話，否則接下來就忙不完了。這讓我想到以前有個跑交通部線的記者朋友，有天打電話來，我問他最近在忙什麼？他回答沒什麼，閒得很，結果當天晚上大園就發生空難了。

不管你信或不信，禁忌就是禁忌，有時就是邪門得很。二〇一三年四月三日達比修有對太空人隊比賽，一路投到第九局兩出局都還是無人上壘的準完全比賽，結果太空人隊打者岡薩雷斯（Marwin Gonzalez）擊出穿越中線的安打，達比修有的完全比賽就破功了，這實在是很令人遺憾。相信嗎？在這半局之前，和我搭配的主播陳亞理才剛說「要完全比賽了」，很邪門，好像再一次印證了，有創紀錄的比賽進行中不能說破的轉播禁忌。

也許我也是深信這個禁忌的人（至少紀錄沒有達成也別怪在我頭上），陳偉殷、王建民對上水手隊分別要創下無安打紀錄時，那過程中我是連提都不敢提，最好笑的是常富寧，比賽後才跟我說他連廁所都不敢去，深怕會拐了氣，真是「迷信」到最高點。儘管我們煞有其事的想信這檔事，但也有人不是太認同，主播許乃仁就不太信這一套，他說主播的工作就是要告訴觀眾當下發生了什麼事，所以為什麼不能說，許乃仁這樣講好像也有道理，哎呀，總之信不信就看個人了。

還有一種不能說破的是比賽速度，這好像是護士不能說太閒，高速公路開車不能說很順，有一次和兒子去英國旅遊，其中一天參加一個團，去程大塞車，回程時沒什麼車流，某位老兄高興地說真棒，導遊立馬用手指頭往上方指了指，而且細聲說：「噓，上面那個人會聽到」。看來這種不要講破是中外皆然。

這種比賽打太快不能說的禁

忌，不僅是轉播者，舉凡所有和職棒相關的記者也好，球團人員也罷，都知道這條鐵律，唯獨常會犯錯的是主播鄧國雄，不管我們大家如何勸說如何提醒，只要前幾局打快一點，他就會先有個開場音「嘿嘿嘿」然後我心裡就大叫「靠、不妙了」，果然半秒後，就聽到他說「今天很快喔」。有沒有然後呢，有啊，然後下半局就保送、失誤一堆。

這些都是不成文的禁忌而已，說到球評真正在比賽不適宜提到的內容，應該就是政治、宗教、種族還有性別等話題。二十幾年前我第一天到新加坡ESPN轉球時，那時有個華人主管沒有跟我說太多轉播的注意事項，反倒是提醒我不可觸碰到以上幾個話題，因為之前在台灣從沒有想過這些事，所以記得很清楚，事實上這麼多年來我除了隨時叮嚀自己外，常看國外轉播也都發現這幾乎是他們工作上的鐵律，誰多說了一句事情就大條了。

但一直到現在，台灣對這方面好像也沒有太重視，我曾在一場中職轉播聽到球評說「這個黑人……」實在有點嚇到，其實不只是中職，我們台灣傳媒好似完全不在意，我曾開車聽到廣播的財經節目主持人，當他談到美國聯準會主席候選人時，用了句「居然是個女的」，聽到這句我方向盤差點打歪，這麼性別歧視的話，他應該要慶幸是在台灣說出的，因為也沒人在意，如果在國外可能就嚴重了，英國單車協會技術總監沙恩・薩頓（Shane Sutton）只因對女車手潔西卡・瓦尼斯（Jessica Varnish）說了句「回家生孩子吧！」就下台了。

還有什麼是主播台該避免的，那應該是聊和比賽不相關的事吧，當然一場棒球賽動輒三小時，有時還將近四個鐘頭，不太可能一直專注在場上，拉出去講點別的有時在所難免，但可不能就此一去不回，變成聊天節目，尤其是只有主播球評自己聽得懂的笑話，或者太私人的事情，這都需要在播報台上盡量避免。

不過有一種雖然和比賽無關，但是可以稍為帶一下，例如委內瑞拉政情混亂民不聊生，這個時候如果正好是該國選手有好表現，就可以帶一下現在他們國內發生什麼事，再補上一句「他的表現正可以安慰祖國同胞的心」。

或者是近來很熱的時事，記得樂透彩剛上市時，是全民一陣瘋，比賽進行中畫面還會秀上開獎的號碼，打者上打擊區時，導播還會有意無意帶一下打者背號，記得主播問過我「你覺得這個號碼有機會嗎？」我哈哈大笑，這種也算是無傷大雅的應景對話吧！

最後要說的是，身為一位球評可以有個人的情緒嗎？這個問題沒有一定的答案，沒有太多情緒的球評好似可以冷靜的看待場上一切，不至於太主觀，這聽起來是有道理，但其實很難做到，碰到一朗的引退，遇到中華隊重要一擊時，你還能冷漠以對嗎？但感情起伏太大的球評，動不動就哇哇叫，又失掉他的專業性，所以說球評在轉播時該不該有個人情緒？我的答案還是得視當時情況而定了。

潘忠韋

球場上的禁忌百百種，轉播時當然也有。

一般熟知不能在比賽當中提到「快」這個字，不然接下來的比賽就有狀況百出的風險，還有不管在中職日職美職、任何一國的職棒都不能隨便拿宗教、種族、性別開玩笑。

除了這些大家公認的禁忌話題之外，就我個人來說，不能說的，就是不想被說的。當我還是球員的時候，會在意主播球評如何評論自己，要是他們斬釘截鐵的判斷，結果卻完全不是那麼一回事時，身為當事者的確會悶在心裡口難開。

所以當我成為球評之後，就會特別注意這部份，不先入為主、也不只用一個角度看結果，這就是我在轉播台上的禁忌。

第五章
CHAPTER 5

那些年，我合作過的主播

曾公的球評初登板

曾文誠

怎麼開始當上球評的？

我把它歸功於老天的疼愛。

職棒開打之初，電視轉播工作一開始委託老三台來執行，但是他們節目業務量已飽和，加上可能不是太看好職棒的市場價值，所以有點愛做不做的，那時請他們來轉不但要不到錢，中職還得負擔工作人員的便當，且比賽還不是即時播出，得等球賽結束後的假日，且被放在冷門時段中，但即便放在冷門時段播，還是有球迷願意打開電視來看那早已經知道結果的比賽過程、且是被剪得支離破碎的過程。

後來一直到職棒三年，這種三台獨大的情況依然未解，中華職棒聯盟的宣推主任梁功斌有鑑於此，他極思突破之道，最後找上發行錄影帶十分成功的邱復生，請他出機來拍，然後製成錄影帶販賣，他的想法是即便不能像那時最轟動、最熱賣的豬哥亮歌廳秀影帶一樣，有很好的銷售量，但至少能保存中職比賽的影像，未來二三十年後，後代的球迷也能看到李居明、王光輝打球的英姿，所以梁功斌就在領隊會議中提出這樣的構想而獲得通過。

這實在是高瞻遠矚改變中華職棒歷史的一次決策，不過還有些技術的東西要完成，那就是比賽有人拍了，但是空有畫面像看默劇還不行，得有人講才完整。

那時為了節省經費，梁功斌就請聯盟的人去支援球賽轉播，主播就讓播報組的同事，在正式的球賽工作之餘再輪流上場，他自己也常親自上陣，至於球評方面，梁功斌有他自己的想法，雖然當時有些已在廣播播球的人選，但梁功斌認為電視是不一樣的媒介，傳統唸資料的可能不太適合，所以他決定要用新面孔試看看，為此梁功斌還受到黑函攻

擊。

最終梁功斌還是頂住壓力，他想要用新人，最後就找上同在聯盟工作的我，想想會用我，可能是我平常雖然話很少，但談起棒球我的話匣子就打開了，而且不管是什麼話題，只要跟棒球有關我都愛講。

那時我不到三十歲，現在回想也不知哪來的勇氣，是自認可以講得比他人好，是有些自己想法，還是反正講棒球一點不擔心，還就只是初生之犢的傻勇？

總之，我就這麼上去了，很清楚記得第一場比賽，就像大聯盟選手初登板一樣記得一清二楚，是味全龍對統一獅的組合。所謂的轉播席就在台北市立棒球場上方，聯盟記錄組隔壁的小房間，主播是記錄組的曾建銘，我印象中那場味全龍的先發投手是史東，而且投得非常好，比賽也很快速地結束。很奇怪的是，這是我第一次上台的處女秀，卻一點都不緊張，絕不能用我等這一天多時，也準備很久，所以一點都不緊張來解釋，但該怎麼說這種狀況呢？

村上春樹在其著作《身為職業小說家》提到如果想寫小說誰都可以寫，講得好像寫小說很簡單似的，雖然他強調要做得久並不容易，但我還是覺得寫小說很難，應該說做什麼事都不容易，尤其第一次上手時。

但奇怪的是，我的初登板就是沒有想像中緊張，甚至有點如太空人隊投手

Gerrit Cole在他上大聯盟第一次投球後說的「我因為不緊張而緊張」。但我的不害怕，也可矯情的說是真愛看棒球，愛分享可形容的吧，是不是真有本事或天生吃這一行飯是想都不敢想，只知道有這個機會就去做，想辦法做到最好。

播第一場球絕沒有想到未來是當飯吃的工作，且一做就是二十幾年，所以現在回想起來真的很感謝一開始有這種磨練的機會。感覺好像電影《波希米亞狂想曲》，先從小酒館唱起，才有大舞台的機會。

那時我們雖然是現場作業，每一個play都是即時的述說，但畫面卻不是同步的傳送到球迷眼中，如上述，要製作成錄影帶，然後再利用邱復生的販賣點去行銷。

後來不久有線電視出現了，整個產業或是說台灣影視業從此有了巨大的改變，不過當時的有線電視仍處於違法上架的狀態，被暱稱為「第四台」。等進入到第四台時代，作業方式就不太一樣。是播完比賽，把內容複製成可播出的影帶後，再送到各地的系統業者播出。插播一個故事，我就曾客串做過「送帶」的工作，很清楚的記得那一天是在台中的比賽，我做完那場比賽原本就該沒事走人，但不知為何原該送給野雞計程車代送回台北的帶子卻沒人送，我正好要回台北，所以就請我幫忙，所以我從原本球評的角色，一變成為送貨的小弟，那晚我搭火車從台中回台北，不巧的是週日晚間，火車上擠得水洩不通，我擠在通道上，一路抱著包包裡的帶子不敢鬆手，就這麼一路搖回台北，然後再轉計程車到八德路完成任務。

通常作業是給完帶子，原本大家講好是隔天早上播前一晚的比賽，但當時各立山頭的系統業者，誰也不服誰，所以當很多球迷想看時就有業者偷跑，先播先贏，但那時系統業者因違法，所以常有些精彩的「愛情動作片」，中職的比賽有時就接在這種片子之後或之前，所以你可能在看完王光輝揮棒後接著看另一個「比賽」，這也算是世界職棒發展史的奇觀。

所以我要說能當球評得歸功

於老天的疼愛，人家說機會是給準備好的人，但我卻是有機會來時，才開始準備，現在回想我那時的棒球素養根本不太優，但幸運的是一開始職棒轉播就不是live播出去，沒有那麼大的壓力，也能允許我犯些錯誤，但我願意學習，重點是我愛這個運動，所以為了更了解它，我願意花更多的時間去鑽研，我印象最深的一次是，為了想了解一壘手的站位，壘上有跑者，沒有跑者該如何站，如何迎接來球等？我去請教了獅隊的一壘手鄭百勝，他絕對是位天才型的打者，但守備也不含糊，所以是請教的好對象，但只有一個問題，他愛喝茶且超晚睡，不怎麼喝茶的我，那晚就陪他一直喝、一直喝，搞到半夜三四點，該聽的都聽了，但我人也精神不濟喝到快吐了。

所以我覺得能擔任球評的條件很多，其中之一是不間斷的學習，不是指我這種素人出身的才要學，而是棒球學問「深坑萬丈」，一輩子都學不完，所以時時要保持學習的心，蘇格拉底那句名言「我唯一知道的就是我不知道」，需要常常放在心中。見到很多的選手、教練退下來坐上轉播位置，有些很可惜的是，或許他們認為從小就打球到現在，棒球大小事自己應該都懂，因此再進修的動力比較不足，能給球迷新的技術或不同的觀點就有限了。從這個角度去看，潘忠韋能受到好評也就不意外了。

有次我受邀到校園演講，會後的提問時間，有學生舉手問：「當球評的條件是什麼，需要長得帥嗎？」語畢，現場人都笑了，我對這位同學說：「如果只要這個條件，你可以喔！」又是一陣笑聲。

長得好看當然不會是球評的要件，不過外表帥是可以加分的，就像FOX體育台的日職球評林琨瀚。重要是專業素養要夠，還有口條及表達能力，這是可以訓練的，有人說可以讀報，是不是有效果因人而異，但至少講話可以順一點，不過我還是認為平常多練才是重點，我曾對幾位較熟識的選手建議過，未來球評是可以走的路，但不要等到那一天到來才準備，之前就要養成發表對各種議題看法的習慣，台灣選手普遍都存在著表達能力不足的現象，這和我們的教育養成方式有關，久了就變成大家都不敢開口，怕講錯話。

QUITTING IS
UNAC
POSTSEASON 2015
CUBS

能表達心中所想，不僅是針對主播、球評工作而已，在任何職場或人際關係上都是大重點，但這個重點是指說出聽者能懂的話，以前新竹有個廣播球評在比賽中說：「某某選手怎麼好球不打打壞球？」球迷朋友在收音機前聽到一定是覺得球評在說廢話，說了等於沒有說，但細究這球評所說的，其實就是「選球」，也就是打者的選球不太理想，如果這樣講，球迷可能就比較能了解。所以球評不是一定要講很多或抓著麥克風不放，而是說到重點。

再舉另一例，早年還有位球評很特別，他在轉球前會先準備好提綱，請主播來問他，例如「打擊陷入低潮該怎辦」等十餘條目讓主播問他，此一方式乍看之下好像很不錯，但對瞬息萬變的球賽而言是不適合的，畢竟不是專訪總統，最後搞到每個主播壓力奇大，都不知道該何時把題庫拿出來唸兩句。

但也不是說球評就不該有些題庫的備案，做好球評的工作，除了我們在其他單元談的賽前觀察、準備之外，也可以在心裡思考今天比賽可能會發生什麼事、該如何說。

就像我常指導新進採訪記者，不要到球場甚至到要寫稿時還是腦筋一片空白，出發前去球場，要了解比賽最少有三種結果，以中職而言，就是贏、輸及平手，面對三種狀況該怎麼寫心裡要有底，還有今天有什麼特殊紀錄要產生，也是要明明白白，賽前如何問當事人，結果出來如何下筆，都可以先盤算一下。

球評工作也是同樣的道理，雖然每位主播都很專業，會產生什麼紀錄都會在比賽中帶一下，但如果你都沒準備，完全接不上話就實在說不過去。

一位稱職的球評，除了本身具備的條件及後天的努力及訓練外，重點還是和主播的配合，如果球評、主播配合不好的話，就像投出去的球沒有接好，或是沒有人接，都是不好的狀況。

我喜歡更貼切的形容、用在主播和球評的配合，就像是講相聲一樣，如果一個人巴拉巴拉一直講，旁邊的人接不上話或接錯，肯定是場失敗的表演。

談談那些主播吧！

潘忠韋

我搭過的主播真的每個都身經百戰，每場比賽都有能力完投九局，每位都有各自的拿手球路，而且不吝分享。

跟鄧公（鄧國雄）播球最為輕鬆愉快。

就像跟長輩一起看球的感覺，賽前鄧公會先主動關心我的近況，然後再帶到接下來要轉播的這場比賽，他不是刻意告訴你待會要怎麼說，反而是用聊天的方

CPBL

式，讓你自然而然的走進比賽情境中。當然，在過程中，我可以感受到，他希望我盡量用「分享」的角度來講評比賽，主動分享對每個play的看法，主動評論場上的狀況，就像把球交到我手中，站上投手丘主動出擊，然後他再針對我的評論接著詢問他有興趣的部份。

常富寧主播則常常會看到我沒有看見的地方。

現場轉播賽前，常主播跟我一樣會把重點放在球員的近況，我們都會到場中和球員串門子，然後在開打前，分享我們知道的訊息。常主播是個非常細心的

人，不只會觀察球員的技術，大自球員的生涯，小到一個打者握棒位置的高低、投手的跨步幅度，甚至是腳上穿的鞋子，都是他有興趣的重點，他也很樂意把這些觀察到的細節跟我分享。

賽前跟我聊得最深入的，就屬魁哥（田鴻魁）了。

魁哥就像是一位教授，隨時都可以掏出很有深度的問題，然後兩個人一起腦力激盪，完成一篇很有意思的論文。他跟我一樣會把重點放在球員的近況上，常常他的一個問題，看似簡單，但是必須要做好準備或是心中要有定見，才有辦法接得上、答得出，例如：他問我「怎麼看今年的新人王」、「賽揚獎的定義是什麼」、「紅襪今年成功的關鍵」，諸如此類的問題，如果當下沒有想法，在轉播的時候就只能大眼瞪小眼，而且從他問出口到我接話這中間，我的腦中也必須像球的轉速一樣，一秒幾千轉，趕緊找到對的方向、整理出對的詞彙，並且不疾不徐的說出我的想法，這個過程是很過癮的！

而且和魁哥在意的不只「看門道」，也兼具「看熱鬧」，所以賽前溝通的範圍，完全沒有極限。

錢 SIR（錢定遠）身經百戰、經驗豐富，以打電動來說，就是「上古神獸」等級！

所謂「賽前」的溝通，常常是一個禮拜前就開始了，他會注意球隊在客場比賽的勝負關鍵，包括牛棚投手使用的情況、還有打者狀況的好壞，在比賽過程，他會零時差的傳訊息跟我討論戰況，這一來一往間，就把功課做好了。

和錢 SIR 聊比賽，常會把我帶到另一個層次，他喜歡聊調度、戰術運用時機、代打選擇等，就像跟總教練一起作戰，讓我思考那些當球員時還想不到的角度，所以光是賽前的互動，就像真的打了一場好球。

煒珽哥（林煒珽）點醒我一件很重要的事。

他告訴我，不要浪費球員出身這個優勢，用球員的角度來看比賽、來做功課，就像是他問我「今天怎麼對決 Clayton Kershaw」、「要怎麼解決打擊區上的 Mike Trout」，不只是嘴上說說，是用球員的身分還有思維實際的作戰。

有關棒球的所有數字，找展元（徐展元）就對了！

展元本身有一個非常龐大而且全世界只有他有的資料庫，任何跟棒球相關的數據都在裡面。除此之外，他很在意一場球打下來，透過講評可以建立小球員對棒球正確的觀念和態度，這也是他希望球評能夠多多分享的重點。

曾文誠　這麼多年我到底跟多少位主播合作過？原本這應該是很難計數的問題，但有

攝影／劉瑞龍

天我和趙豪城一同搭配轉播美國職棒，結束後他就問我這個問題，而且也加了句「你應該都忘了吧？」這好像有激到我了，所以回到家後，花了點時間把歷年來從電視、廣播各單位跟我一起播過球的人列了出來，結果發現竟然接近六十位，好驚人的數字啊，有人還說這根本是台灣廣電棒球轉播史啊。

一樣米養百種人，主播雖然沒有百百種，但各式各樣、各種風格的主播也所在多有。

我必須承認剛開始播球時，主播會影響我播球的情緒。當遇到白天工作太累，沒有準備好功課，以致播球過程「2266（零零落落）」的主播時，總讓我有點難配合，也是有一搭沒一搭的講，當然最後內容很不理想，自己也不滿意。

最後也慢慢了解，主播球評是一體的，即便主播有各種理由無法播好，也要盡量 cover 對方，或

UNI water
FOX SPORTS
FOX SPORTS

者儘可能多講一些。不過時至今日，球迷都極內行，播得不行的主播是很難生存的，所以基本專業是絕對夠的，而且還各有不同風格。

蔡明里曾說過一句話「球評是紅花，主播只是綠葉」，意思是主播的工作是襯托球評的價值，所以愈是有經驗的主播，身為球評者根本不用擔心如何去配合，他們會適時丟問題給球評，請不同的搭配者發揮，甚至他們本身都懂得的事，也假裝不知道的問身邊的球評，這是很不容易的，常富寧也是這樣，明知答案，還是會讓球評多講一些。

好的主播還有個優點，這很難形容，那就是節奏感，因為是電視作業，所以觀眾看得到畫面，因此不用抱著麥克風講個不停，要讓畫面適時留白，但又要讓球評有話可說，這當中的節奏是很重要的，簡單來說，就是不能讓球迷聽起來吵，又不能太多的沈默不語。

近年來我運氣很好，碰到的都是對棒球轉播有熱情，又專業的好主播，工作起來非常順心愉快，不過各主播間都還有些「小特色」需要去適應，陳亞理主播播球有個習慣，講著講著就會對著球評的臉說話，或許他覺得是種禮貌行為，但對常盯著電視畫面或資料的我而言，一開始還真的怪怪，有點小生害羞，但後來要看就讓他看了。還有黃英哲以前轉播很愛講冷笑話，或完全聽不懂的梗，一開始我會硬配合乾笑兩聲或亂接，但久了就深悟這是「傷害」自己的行為，最後來個沈默不語，有次在他冷笑話之後，我乾脆接了句「很不好笑」。這倒讓我想到，有一次大專杯棒球賽去天母球場轉播室探常富寧和潘忠韋的班，不久就聽到常富寧說了個讓人完全笑不出來的冷笑話，結果潘忠韋硬接話，聽起來簡直冷到極點，廣告時我就跟喇叭說：「這位球評先生，如果主播講話不好笑，可以不用硬接。」旁邊的所有人聞言都哈哈大笑。

還有什麼呢？如果轉播是不用上鏡頭的，有人的穿著極為輕鬆，一件短褲一件背心就殺來了，還有人習慣換穿拖鞋，總之，讓自己更放鬆就能播好球吧。

跟太多太多主播配合，這些主播有合作過一兩場，有的一起搭配多年直到現在。但無論如何都是難得經驗，也曾從他們身上得到些啟發，像以前中廣高雄台的張大樑，那時我們在立德棒球場播比賽，但他的工作不是只有轉比賽而已，白天還有他自己的採訪工作，那些年中廣記者真的很辛苦，白天跑新聞晚上還要兼著播棒球，然後加班費用好像沒有多太多，甚至少得可憐，我記得中廣記者李國彥曾用「差不多買瓶枇杷膏」來形容，最後變成誰會轉棒球誰倒楣。但即使在這樣情況下，張大樑每場比賽都轉得很精彩、生動活潑，有時那種爛比賽，根本沒什麼好講的，他就會分享一下他白天跑新聞的有趣內容，讓讓眾不至於太沈悶，我記得他說過一句話：「播球的人如果自己不快樂，聽眾怎麼聽得快樂」這句話我一直記到今天，謝謝大樑兄。

我想「敬業」是我所搭配過好主播的共同特色，像早年的蔡明里、後來我一直在合作的常富寧、田鴻魁等。

所以和這些主播搭配是相對輕鬆，有時甚至都覺得太輕鬆了，像有陣子跟常富寧配合，我都覺得自己變偷懶了，因為什麼背景資料、場邊小故事他都有了，我只要順著比賽講就好。

說到他賽前的備戰，就不得不令人佩服了，七點的比賽大概

他四點多就到了，然後拿兩個大袋子像要出國，裡頭是滿滿的資料，通常我們在轉播時頂多用一台電腦，他卻是用兩台，而且各開滿了視窗，然後一堆筆記本堆在桌上。做過轉播工作的人都知道，有時你準備一堆東西臨場未必都用得到，但他還是每場都這樣備著。就因為有這樣備戰的功力，有時比賽遇到突發狀況，像下雨突然改場次，自然也難不倒他，因為平常都有準備了。到了季後賽，例如四點的比賽，他很可能一點就先來看前一場的比賽，以增加轉播的話題，換句話說是整夜都沒睡的意思，這樣的工作態度，跟他一起播球的人也不好怠慢，只是我到今天還是對他把什麼都抄寫在筆記本，或放在隨身碟而不放在雲端深感不解，此外，我以老大哥身分常叮嚀他工作要敬業，但我也沒要他敬業到去染頭髮。

蔡明里也是，尤其是國際賽或國內業餘錦標賽，舉凡比賽賽制、球隊背景還有明星球員等，都準備妥當，這在過往沒有網路的時代是著實不容易的。雖然這本來就是主播的工作，但能跟這樣的主播合作的確會比較沒有壓力。

我形容主播和球評要把比賽播好，就像似講相聲一樣，兩人要有互動、要有默契，這種默契配合除了長久時間的累積之外，重要的是我個人認為平時也得有些感情的培養。

先說二〇一八年老虎隊轉播單位就發生一個超奇特的現象，主播 Impemba 和球評 Allen 在比賽中不僅沒有一搭一唱轉球賽，而且過程中一度有長達四十三秒兩人都不講話，觀眾看到的只有比賽畫面，有如默片電影一般有影無聲。究其根源原來是比賽前他們因爭搶一張椅子而發生扭打意外，Allen 還從後方勒住了 Impemba 的脖子，後來媒體進一步追蹤才發現這對合作多年的夥伴如同貌合神離的夫妻一般，只有在工作時互動，離開播音室兩人從不來往，最後也因為這一「意外」事件，這對主播及球評都被老虎隊

開除了。

別以為這只有在老虎隊的轉播單位才會出現，以前我到新加坡為ESPN轉美職時，就親眼目睹兩位播板球的印度人兄，不知為何轉著轉著竟然大吵起來，其中一位還不爽走人，看得我是嘖嘖稱奇。

所以我說在台上兩個人絕不能只是工作關係而已。再舉我和常富寧的例子，有段時間他是在新加坡轉播室，我則是在台北錄音室，兩個人就隔著幾千哩的距離在做同一場比賽，一開始許多人根本不相信我們兩個人沒有坐在一起，因為我們默契之好，就跟同在一間房間呼吸沒兩樣，這應該就是有賴平常的感情培養。

記得他剛接棒球轉播這個工作時，老實說播得不太理想，受到不少批評，這讓他很受挫，所以我一直鼓勵他，播球這個工作很現實的，你準備幾分、下多少工夫，球迷都聽得出來也會反應出來，所以不要想那麼多，好好用功多準備就是，當然我也以個人角度建議常富寧一些技巧，後來就一天比一天進步。

雖然我們分隔兩地，長途電話所費不貲但我們還是常通電話，不只是工作內容，也常聊些生活上瑣碎之事，他逢年過節會到家裡來做客，我的兩個小孩，尤其女兒常富寧疼得像自己孩子，而十幾年前我因為轉換跑道，遇到人生最低潮時，常富寧知道我是個會悶在心裡不說的人，所以那段時間也是靠著他一通通電話問候撐過去，這些都是和一般主播、球評不太一樣的。

多了這層關係，我們一直是合作愉快的，我也感謝他讓我撐過王建民那段常要熬夜的日子，我是個重睡眠痛恨無法睡覺的人，那段逐王建民而生的日子，回想起來真的要命，不僅是王建民比賽要轉，因為考慮到收視率，洋基隊日場比賽也沒放過，所以熬夜轉球在所難免，那時還真靠他廣告時間講笑話講相聲幫我渡過，否則應該早就陣亡了吧，雖然現在公司考慮我年紀大不應該再那麼操勞，不再讓我半夜就出門工作，但仍大大感謝常富寧能讓我活到現在。

所以和常富寧合作是很好的經驗，就是如果可以的話，主播與球評平常就要有些連繫，這是我到今天為止的一個個人習慣。

然而棒球比賽轉播場次很多，不可能每一場都碰到常富寧，而且球評如果只能跟某位主播配合才講得好，也是很不及格的，所以後來ＦＯＸ的幾位主播，我也是持同樣的態度，而且現下社群媒體和通訊軟體那麼多，更方便建立彼此間的關係，像林煒珽非常關心毛小孩，我會和他聊相關的話題，陳亞理有個可愛的兒子，我把過去我們家老大用過的玩具及圖書轉贈給他，還有這一兩年一起播球的次數最多的主播田鴻魁，他的家人都在新加坡，獨自一個人在台灣打拚，這種心情我能了解，有段時間我必須經常台北、新加坡兩地跑，那時兒子才三四歲，是正可愛的年紀，每次光整理行李準備出門心情就不太好，所以很能想像及體會田鴻魁一人在台的心情，所以常主動去關心他的家人，後來節目做久了，有更多的機會在空檔閒聊，儘管他的長項是在歌唱而我五音不全，但卻發現彼此的人生觀及對很多事的看法相近，有一個可以聊得來的工作夥伴還是很愉快的。

事實上不矯情地說，雖然我比多數的ＦＯＸ主播多了幾年的播球經驗，但我覺得能和這些學經歷都很棒的主播一起合作是極幸運的事，就像當年緯來體育台那群工作同仁，我們播的是棒球，是團隊運動，一個人好是很難贏球的，同樣一個再會講，沒有其他人配合，最後呈現出來的效果，也是很有限的。

基於這樣的觀念，我不藏私，以美職轉播為例，如果平日在做功課準備時，看到主播可以發揮的資料，例如花絮或球員小故事，我會事先丟給主播，跟他說屆時你可以提這個。常富寧也一樣，有時他看到技術性的文章，也會分享給我，或一起討論，這樣的感覺是真的很好。

所以我真的是這樣的觀念及想法，既然坐在一起講球，最後給觀眾聽什麼才是重點，一個人可以投超過一百五十公里，但沒人接還是沒有用的。

球評可以下點功夫和主播培養感情、默契，不過終究是自己如何講、該怎麼講？

其他單元聊了很多如何準備賽前資料，進球場如何觀察、如何看賽前練習，甚至如何訓練口條等。

但真正坐上去時，還有些什麼要注意的？

首先，不要緊張，這聽起來像廢話，好像勸選手上場要平常心一樣，這真的很難教，有人就是天生心臟大顆、天生吃傳播這行飯，這讓我想到之前有次受「超級基金會」之邀，跟一群高中生談球評這個行業，演講後我請幾位同學上台試試，其中一位同學上去之後，我對著所有人說「你如果早生幾年我可能就沒工作了」，儘管是半開玩笑的話語，但這位同學真的讓我感覺是天生要吃傳播這行飯的。

絕大多數的人上了台難免會緊張，我是這樣覺得，儘可能放鬆你的肩膀，面對鏡頭想像是跟你最親近的人說話，還有告訴自己，你能上台就表示你是專業的，就是能夠講得好。

接著是，你可能會準備很多資料，但別一定要把所有備用的東西一口氣在一場比賽全倒出來不可，這很可能適得其反，明明主播在談A，你卻急著把B的材料說出來，就真的變成是雞跟鴨講話了。這一點其實我們在教採訪寫作時也是一樣，新進的記者在開始寫新聞的時候，最容易犯下的毛病就是聽來的、知道的都想擠到一篇文章中，好像深怕會「浪費」掉一般，結果一場比賽稿，又寫投手、又寫打擊、又寫記錄再加上雙方總教練的評論，其結果是完全看不到整場比賽到底重點在哪？

所以別急著把口袋中的東西全掏出來，是你的就是你的，今天用不上未來還是有機會的。

第三點是別急著搶話講，但往往愈有經驗的講者愈容易發生這樣錯誤，包括我自己，沒有經驗者反而是不知道什麼時候該開口。其實主播在播一場球賽時，通常只要球評開口，就會停下來等球評發揮，但有時還是會搶話，這些都需要一點時間配合；但搶話也還好，不要反客為主，說得比主播還好，並沒有人規定球評一定得說得比主播少，但球評如果一直講不停，真的是很怪的一件事。

有些主播是會丟問題給球評的，像鄧國雄、田鴻魁、蔡明里就會適時拋出話題問，這對剛做球評工作的人其實是很好的方式，避免陷入無話可說的麻煩，但對主播球評也是種專業的考驗，因為能問出好問題需要技巧，能答得出來也是能力的表現。

有一種狀況是主播肯定會問你，不然就是以一種等答案的眼神來看你，那就是場上有規則爭議的時候，這一點我好像還有點小小的心得。

以前剛跑職棒新聞，必須南北中到處跑，那時沒有高鐵，移動都得在高速公路或火車上進行，也沒什麼手機、網路，要消耗漫長的交通時間得花點心思，多數人是補眠或看閒書，唯獨我是拿著棒球規則一直翻，但規則這種東西真的是枯

燥無味，沒有實際判例在旁，又是冰冷近似法律條文，實在是跟睡魔對抗的最大挑戰，不過還是想辦法撐下來，如果有不懂的條文，就做記號去請教聯盟裁判，後來因為條文太不適合一般人閱讀了，還跟漫畫家林政德出了本《圖解棒球規則》。

總之，對規則稍比別人多懂一些，對講球賽真的幫助很大。記得有一次中職季後賽吧，一個捕手傳一壘，所謂二傳三的case，跑者先跑上一壘球才到，但跑者卻被判出局，那時我第一時間就說「跑出三呎線了」，隔天蔡明里跟我說，同時在轉播的另一家電視台，場上在爭議半天，他們還是不知道怎麼回事，言下之意好像對我有點佩服，自己當然也有點小得意。

這算是比較不複雜的案例，棒球場上常有那種即便大聯盟裁判都還得集合起來的狀況。我記得有個很有趣的爭議，我當時還特別把它筆記起來，是這樣的：「滿壘一出局，跑者ＡＢＣ，打者擊出捕手上方飛球，裁判第一時間宣告內野飛球，但要命的是捕手沒接到球，球掉下來後投手撿起來踩本壘再傳二壘，觸殺已離壘的跑者Ｂ，但跑者Ｃ卻趁機回本壘，主審判得分，此時守方總教練衝出來抗議，場面亂成一團。連裁判也聚在一起討論許久。」

這個案例應該是集合所有複雜狀況於一身，有可能講一輩子球都碰不到，畢

那些年，和曾公一起播棒球的主播們	
CPBL	梁功斌、曾建銘、康小玲、黃步昌、李國彥
中廣	凌爾祥、蔣任、鄭師誠、劉伯理、楊秀凰、李雅媛、余遠炫、彭群弼、張大樑、彭清仁、馮國秀、鄭師詠、彭志平、劉怡伶、寇世菁
中視	梅聖旻
TVIS	錢定遠、蔡明里、袁定文、張致平、詹慶齡
東森	蘇念祥
StarSports	許乃仁
ESPN	凌照雄、林俊達、陸永強、林孝威、林志隆、鄧國雄、常富寧、田鴻魁、林煒珽
緯來	林坤地、黃英哲、宋東彬、王人瑞、陳建君、張立群
台視	陳瑤琦
華視	謝咏易、丁元凱、張鎮麟
公視	余佳璋
台哥大	楊政典、陳子軒
愛爾達	陳裕偉、洪志瑋
民視	陳雄威
FOX	陳亞理、王博麟、趙豪城

竟要大聯盟選手接不到內野飛球又是滿壘，是微乎其微的狀況，我碰到算幸運。最後解釋應該是打者因內野飛球而被宣判出局，投手踩本壘沒什麼意義，因為內野飛球壘上跑者可以不用跑，但因為當時跑者ＡＢＣ都不知道可以不用跑（會打球不一定懂規則），所以掉球後也都跑了，所以回本壘得分的C如果是在被觸殺的Ｂ之前跑回來，得分就成立。

有點複雜的狀況，所以講完之後也不是很確定，事後我請教了裁判劉柏君，她給了同樣的答案，在此也要謝謝劉柏君裁判，常常被我騷擾回答規則問題，因為條文很多，即使今天熟記了，過一陣子沒碰上可能又生疏了，所以還是得隨時多請教，溫故知新才是。

還有一種應該也是屬於是規則類的，那就是記錄、安打或失誤等的判定。

對記錄認定，早年球評從一開始是有點接近名詞解釋，像什麼是「自責分」什麼才算「高飛犧牲打」，到了後來就得慢慢進一步說明，什麼樣情況下才算是「不死三振」、不是捕手沒有接到第三個好球，打者都可以往一壘衝，如果兩出局前，一壘有跑者是不可以的。還有什麼是「內野飛球」的狀況，不是打到內野上方就是打者被判出局的「內野飛球」判定，而是兩出局前一、二壘或滿壘時，還有最常說的，在內野後方的草皮區也可能被裁判宣告為「內野飛球」，這些都

隨著比賽的演進，向觀眾說明的內容也愈精進，如果現在轉播還在解釋什麼是投手責失分，那就不太行了。

所以身為球評，不但要了解規則，也要下點工夫研究記錄如何判定，並隨時和相關的記錄組人員多討論，就能更深入的評論比賽。

舉個例來說，二〇〇一年第四屆亞青杯，中華對韓國隊比賽，三壘有跑者，打者擊出左外野飛球，外野手沒接到，跑者雖然一樣跑回來得分，我說依記錄是高飛犧牲打，但我那時強調的是，不一定外野完全接到球跑者才能跑，而是只要碰到手套就可以起跑，這些都是需要一次說明清楚的。

直到今天，雖然球迷懂的愈來愈多，除了守備範圍、光線影響等現場記錄組自由心證的判定之外，可以在比賽中向球迷說明的狀況還是有的，再舉二〇一九年洋基對老虎隊的春訓比賽，洋基打者擊出中外野飛球，老虎隊中外野手已經就定位準備接球，沒想到這時右外野手卻衝出來擋到他面前，造成中外野手無法接住球，這種狀況一般鐵定會判為失誤，但現場記錄組卻給安打，此時就得說明，記錄組之所以這麼判，是因為「默契不足」而形成的上壘，依然可給安打，簡單的道理是，因為失誤不知道要記給何人？

還有二〇一八年中職賽季最有名的案例是這樣的，七月十八日統一對lamigo，九局下半滿壘，打者潘武雄擊出朝向一壘手陳俊秀而去的內野滾地球，陳俊秀接到球原本想傳向本壘封殺，但卻一個步伐不穩無法傳出去，就這樣讓跑者回來得分，比賽結束。

這個狀況發生後引發後續極大的討論，究竟是再見安打或再見失誤？記錄組認為是安打，而多數人卻認為接球後「軟腳」的陳俊秀是失誤，但我傾向贊成記錄組的看法。這就是記錄判定有趣之處，它不像規則那樣有條文非黑即白，而是有人性考量的空間，也是轉播人員在播球時能跟觀眾討論之處，但前提是球評得有自己的看法而不是主觀的批判。

400

球場
BASEBALLISM

國家圖書館出版品預行編目資料

如何當個好球評 / 曾文誠 , 潘忠韋著 . -- 初版 . -- 臺中市 :
好讀 , 2019.10

面 ;　公分 . -- (小宇宙 ; 18)

ISBN 978-986-178-502-8(平裝)

1. 職業棒球 2. 文集

528.95507　　108014107

好讀出版

小宇宙 18

如何當個好球評：曾文誠 X 潘忠韋的完全球評手冊

作者／曾文誠、潘忠韋
攝影／侯禕緡
總編輯／鄧茵茵
文字編輯／莊銘桓
行銷企劃／劉恩綺
美術編輯／鄭年亨
發行所／好讀出版有限公司
台中市 407 西屯區工業 30 路 1 號
台中市 407 西屯區何厝里 19 鄰大有街 13 號（編輯部）
TEL:04-23157795 FAX:04-23144188　http://howdo.morningstar.com.tw
（如對本書編輯或內容有意見，請來電或上網告訴我們）

法律顧問 陳思成律師
總經銷／知己圖書股份有限公司
106 台北市大安區辛亥路一段 30 號 9 樓
TEL：02-23672044　23672047 FAX：02-23635741
407 台中市西屯區工業 30 路 1 號 1 樓
TEL：04-23595819 FAX：04-23595493
E-mail：service@morningstar.com.tw
網路書店 http://www.morningstar.com.tw
讀者專線：04-23595819 # 230
郵政劃撥 ：15060393（知己圖書股份有限公司）

印刷／上好印刷股份有限公司
初版／西元 2019 年 10 月 1 日
初版二刷／西元 2020 年 9 月 30 日
定價：350 元
如有破損或裝訂錯誤，請寄回知己圖書更換

線上讀者回函
請掃描 QRCODE

Published by How Do Publishing Co., LTD.
2020 Printed in Taiwan

ISBN 978-986-178-502-8